실생활에서 바로 써먹는 역사 한 편!

단어로 읽는
5분 세계사 플러스+

실생활에서 바로 써먹는 역사 한 편!

단어로 읽는
5분 세계사 플러스+

장한업 지음

글담출판

단어를 향한 '건전한 의심'은
일상을 새롭게 만든다

올해는 제가 대학 교수로 임용된 지 딱 20년이 되는 해입니다. 그동안 저는 몇 권의 저서와 번역서를 냈지만, 대부분은 전문 서적이었기에, 또 저의 능력 부족으로 2쇄의 영광을 누리지 못했어요. 여기에도 예외가 있었으니 그것은 바로 작년에 출간된 『단어로 읽는 5분 세계사』예요. 이 책은 작년 5월에 나온 지 한 달 만에 2쇄를 찍었고, 8월에 3쇄를 찍었지요. 유명 작가나 저자가 들으면 웃을 일이지만, 이런 실적은 저에게도 놀라운 일이었습니다. 이런 점에서 이 지면을 빌려 그 책을 애독해 주신 분들께 깊은 감사의 말씀을 드립니다.

이런 실적은 출판사에도 좋은 인상을 주었나 봅니다. 지난해 여름, 『단어로 읽는 5분 세계사』의 후속작을 제안받았거든요. 저는 먼저 출간을 제안해 준 것이 고맙고 지난 수년 간 모아둔 자료가 여전히 남아 있었기에 이 제안을 흔쾌히 수락했어요. 그리고 'Now or never!'라는 문장을 떠올리며 여름 방학 대부분을 후속작 집필에 전념했습니다. 그 결과 이 책을 이렇게 선보 이게 되었네요.

저는 『단어로 읽는 5분 세계사』에서 다음과 같이 '단어의 미소'를 강조했 지요.

이 세상 어느 단어도 이유 없이 생기기 않았습니다. 단어는 모두 자기의 고유한 역사와 이야기를 가지고 있죠. 인류의 이야기, 문화의 이야기를요. 그것을 아는 사람은 모나리자의 미소와 같은 '단어의 은은한 미소'를 볼 수 있습니다.

이 세상에 사연 없는 사람이 없듯이 사연 없는 단어도 없어요. 단어도 인 간처럼 생로병사의 과정을 겪지요. 인간의 필요로 태어나고, 인간의 무시로 병들고, 인간의 외면으로 죽으니까요. 이렇게 인간과 함께 살고 죽는 단어 를 가만히 들여다보면 '단어의 은은한 미소'가 절로 보이니 어찌 단어를 귀 하게 여기지 않을 수 있겠어요?

이번 책으로는 '익숙한 것을 낯설게 바라보기'를 제안하고 싶습니다. '패션' '네일' '글래머'부터 '컴퓨터' '아파트'에 이르기까지 이 책에 나오는 단어들은 전권의 단어들보다 우리에게 훨씬 더 익숙한 것들이에요. 그만큼 소홀히 다루기 쉬운 단어들이기도 하고요. 이런 소홀함을 경계하기 위해, 우리가 이들을 조금만 낯설게 바라보면 어떨까요? 단어 뒤에 어떤 역사가 숨어 있는지, 내가 알고 있는 것과 다른 뜻은 아닌지 등을 건전하게 의심해 보는 것이지요.

예를 들어 '육체가 풍만하여 성적 매력이 있는 여성'을 가리키는 글래머는 '문법'을 뜻하는 그래머에서 나온 단어예요. 옛날 사람들은 글을 읽고 쓰는 능력을 일종의 '마법'으로 여겼답니다. 그래머에서 파생된 글래머도 같은 뜻으로 쓰이다가 오늘날 마법처럼 남성들의 눈길을 사로잡는 매력을 가진 아름다운 여성을 가리키게 된 것이죠. 또한 '사업'을 뜻하는 비즈니스는 18세기까지 오히려 부정적으로 여겨졌어요. 당시에 어떤 사람이 자신을 비즈니스에 종사하는 사람으로 소개한다면 다른 사람들은 '저 사람이 좋지 않은 일을 하는 게 아닐까?' 하고 의심했을 거예요. 비즈니스는 본래 '수상한 행동' '이상한 행위'를 의미했으니까요. 심지어 매춘도 뜻했답니다. 그 흔적은 오늘날에도 남아 있어요. 프랑스어로 '비즈니스를 하다faire le business.'는 '매춘을 하다.'라는 의미로 해석되거든요.

이처럼 우리에게 익숙한 단어들을 낯설게 바라보면 우리가 그동안 몰랐던 사실이 보일 뿐만 아니라 그 단어에 대해 가졌던 우리의 생각도 바뀔 수 있어요. 이런 발상의 전환은 우리의 사고를 좀 더 유연하고 좀 더 창의적으로 만들어 주지요. 그렇기에 이번 책은 전권과 달리 패션, 음식, 건강, 예술, 정치, 경제 등 총 여섯 분야에서 널리 쓰이고 있는 단어들과 그 뒷이야기들을 살펴보는 데 주력했어요. 이 작은 책이 여러분의 실생활에도 유용한 책이 되길 바라는 마음으로요.

끝으로 이 책의 출판을 제의해 주신 김종길 사장님, 이 책을 구상하고 편집해준 안아람 편집자에게 심심한 감사의 말씀을 드립니다.

2017년 2월

장 한 업

✦ CONTENTS ✦

3. 몸으로 이야기하는 '건강'의 역사

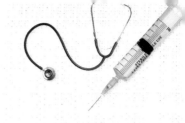

4. 취미로 즐기는 '예술'의 역사

5. 권리를 주장하는 '정치'의 역사

6. 돈을 소비하는 '경제'의 역사

I.
아름다움을 입는
'옷'의 역사

최초의 패션 디자이너는
누구일까?

·fashion·

패션

많은 사람들은 로즈 베르탱을 최초의 패션 디자이너로 꼽습니다.
이방인으로 취급받던 마리 앙투아네트는
그녀가 만든 옷으로 당대 궁정 패션을 선도했지요.

[한뼘 +] 으제니 황후 : 나폴레옹 3세의 부인. 그녀가 사랑한 가방과 향수는 루이비통, 겔랑 등 오늘날 명품 브랜드가 되었다.

사람들은 흔히 '프랑스' 하면 패션을, '패션' 하면 프랑스를 떠올리지요. 수많은 유명 패션 회사들의 본고장이 바로 프랑스이니까요. 또한 프랑스 파리에서 패션위크가 열리면 세계 각지의 사람들이 몰려들고요. 가장 앞서서 유행을 내다볼 수 있기 때문이죠.

패션의 어원은 '만들다'라는 뜻의 라틴어 동사 파케레facere예요. 여기서 '제작'이라는 뜻의 명사 팍시오넴factionem이 파생했지요. 팍시오넴은 12세기 고대 프랑스어로 들어가 파송façon, 파숑fachon 등 다양한 형태를 띠면서 '얼굴' '외양' '패턴' '디자인' '아름다움' 등을 지칭했어요. 14세기 후반에는 '제작' '치장' '방식'을 가리키다가 15세기 후반부터는 '의상'이라는 의미로도 쓰였죠. 1630년대에는 '훌륭한 스타일' '유행하는 사회적 취향과의 일치'를 의미했고요. 이렇게 '패션'의 의미는 역사적으로 '만들다'라는 동사에서 '의상'에 이르기까지 많은 변화를 겪었답니다.

그렇다면 최초의 패션 디자이너는 누구일까요? 많은 사람들은 프랑스의 로즈 베르탱을 꼽아요. 그녀는 1770년대에 파리에서 부인용 모자 가게를 운영했어요. 그러던 중 이 가게의 멋진 모자를 눈여겨본 샤르트르 공작 부인이 베르탱을 마리 앙투아네트에게 소개시키죠. 베르탱은 마리 앙투아네트가 왕비로 책봉되기 전부터 그녀를 위해 옷을 만들었어요. 베르탱이 만들어준 화려한 옷은 프랑스 궁정 사람들의 시선을 사로잡았지요. 마리 앙투아네트는 왕비에 오르고 나서도 베르탱을 계속 불렀어요. 하지만 이로 인해 마리 앙투아네트의 낭비는 점점 심해졌고, 사람들은 베르탱을 '패션 장관'이라 비꼬기도 했답니다.

그래도 여전히 그녀의 살롱은 프랑스뿐만 아니라 다른 나라의 왕비와 귀부인으로부터 주문을 받아 계속 성장했지요.

하지만 1789년 프랑스 혁명이 일어나면서 모든 것이 바뀌었어요. 최대 고객이었던 마리 앙투아네트가 투옥되고, 베르탱 역시 파리를 떠나야만 했죠. 그녀는 프랑크푸르트를 거쳐 런던으로 망명했어요. 그곳에서도 그녀는 의상 디자인 일을 계속하면서 프랑스 패션을 국제적으로 알렸답니다.

패션의 역사에서 빼놓을 수 없는 또 한 명은 19세기 프랑스에서 활동한 영국 패션 디자이너 찰스 프레드릭 워스예요. 전직 포목상이었던 워스는 자신이 만든 의상에 상표를 꿰매 넣은 첫 번째 디자이너랍니다.

워스가 활동하던 시대는 프랑스 제2제정 시대예요. 당시 나폴레옹 3세는 궁정에 들어오는 사람 모두 반드시 정장을 입어야 한다고 선포했어요. 그야말로 화려한 복식 문화가 열리게 된 거죠. 이러한 분위기 속에서 워스는 나폴레옹 3세의 부인 으제니 황후와 친해지면서 당시 궁정 문화를 선도해 갔어요. 서양 귀부인하면 떠오르는 페티코트, 즉 부풀어 오른 긴 치마 역시 그 덕분에 크게 유행했지요. 몰려드는 주문으로 그는 점점 더 많은 재단사와 침모를 고용해 옷을 만들어야 했고, 그 결과 패션을 하나의 산업으로 성장시켰지요. 더 나아가 세계 최초로 패션쇼를 열기도 했고요.

이처럼 프랑스가 역사적으로 화려한 패션을 앞세우는 나라이지만 모든 프랑스인이 비싸고 화려한 옷을 입지는 않아요. 대부분은 검소

"주문받은 것을 그대로 제작하지 않고
작품을 창조해 내는 것이야말로 나의 일이다."

워스는 으제니 황후의 전속 디자이너로 활동하며 유럽 궁정 패션을 선도했습니다.
프랑스 혁명 이후 주춤했던 궁정 문화가
그로 인해 다시 꽃피우기 시작한 거죠.

하고 실용적인 옷차림을 선호하지요. 프랑스 패션이 과거에는 귀부인의 값비싼 고급 의상이었다면 오늘날에는 남의 시선을 의식하지 않고 자신의 개성을 살려 자연스럽게 입는 옷인 것 같아요. 소매가 좀 길면 한두 번 접어 입고, 날이 더우면 웃옷을 벗어 목에다 걸치고, 한여름에도 가죽옷을 입기도 하는 프랑스인들, 이런 모습이야말로 진정한 패션이 아닐까요?

클레오파트라의 손톱은
어떤 색깔이었을까?

•*nail*•

네일

과거에는 색깔이 진한 손톱이 악령을 물리친다고 믿었습니다.

또한 신분이 높을수록 그 사람의 손톱 색깔이 진했지요.

그래서인지 클레오파트라도 주로 짙은 빨간색을 발랐다고 하네요.

[한뼘 +] 클레오파트라 7세 : 이집트 여왕. 로마의 카이사르에게 뛰어난 지략과 외교술을 펼친 것으로 유명하다.

요즈음 '네일 아트nail art'가 유행인 것 같아요. 네일 아트를 한국어로 직역하면 '손톱 예술'이지요. 실제로 많은 여성들이 손톱을 예쁘게 다듬고, 색칠하고, 다양한 보석까지 올리니 손톱 관리도 충분히 예술이라고 부를 수 있겠네요.

일반적으로 손톱은 그냥 네일nail이라고 해요. 하지만 손톱을 핑거네일fingernail, 발톱을 토네일toenail이라고도 하죠. 네일의 어원은 고대 영어 네겔negel이에요. 네겔은 핀이나 못처럼 뾰쪽한 금속을 가리키는 단어지요. 아마 인간의 손톱과 발톱이 신체 부위 중에서 가장 뾰쪽하게 생겼으니 '네일'이라고 한 것 같아요. 이렇게 보니 서양 사람들은 '못'이라고 하고, 한국 사람들은 '톱'이라고 비슷하게 말한 이유가 궁금해지네요.

네일 아트 이야기로 돌아와, 여성들의 손톱 치장은 수천 년 동안 이어진 관습이에요. 기원전 3000년경 고대 이집트 여성들이 꾸준히 손톱을 관리했다는 기록도 있죠. 아름답기로 유명한 클레오파트라도 천연 헤나를 손톱에 칠했다고 해요. 특히 그녀는 짙은 빨간색을 좋아했는데, 그 때문에 하층 여성들은 옅은 색만 발라야 했다네요.

손톱 치장은 유럽 여성들에게도 이어졌습니다. 특히 상류층 여성들에게는 중요한 일과 중 하나였지요. 이것이 마음에 들지 않았던 영국의 정치가 크롬웰은 그것을 금지해 버렸습니다. 여러분도 알다시피, 크롬웰은 청교도 혁명으로 영국의 군주제를 폐하고 죽을 때까지 호국경 자리를 지키며 금욕주의 정책을 펼친 인물이죠. 하지만 1660년 왕정 복고와 함께 화려한 궁중 문화가 꽃피면서 손톱 치장도 다시 유행

했어요. 그리고 몇 세기 후, 남편이 죽고 검은 상복만 입은 빅토리아
여왕에 의해 영국 여인들의 손톱은 다시 색을 잃을 수밖에 없었지요.
물론 오래가지는 못했고요.

여성들이 손톱을 칠한 이유는 단순히 아름답게 보이려는 욕구 때
문만은 아니었어요. 과거에는 색깔이 진한 손톱이 악령을 물리친다
고 믿었거든요. 고귀한 신분을 드러내는 표지이기도 했고요. 그래서
중국 청나라 시대에는 손톱만 보아도 그 여성의 신분을 알 수 있었다
고 하네요.

한편 고대 시대에 손톱 치장은 여성의 전유물이 아니었답니다. 이집
트, 바빌로니아, 고대 로마의 장군들 역시 전투를 앞두고 손톱을 칠했
거든요. 머리에는 포마드 기름을 바르고, 얼굴에는 화장을 하고요. 그
이유는 전투에서 죽을 때 자신의 마지막 모습이 아름답게 남길 바랐기
때문이라고 하네요.

마지막으로 손톱을 칠할 때 사용하는 에나멜인 매니큐어manicure를

살펴볼까요? 매니큐어는 '손'을 뜻하는 라틴어 마누스manus와 '돌봄'을 뜻하는 라틴어 쿠라cura를 합쳐 만든 단어예요. 이 단어는 1880년에 '손과 손톱을 전문적으로 관리하는 사람'을 뜻하다가 1887년부터 '손과 손톱에 대한 관리와 치장'을 가리키게 되었지요.

이제 여러분의 손톱을 한번 보세요. 손톱을 바라보는 옛 사람들의 시선이 엿보이지 않나요?

옛날에는 군복을 카레 가루 또는 흙먼지로 염색했다?

19세기는 빅토리아 여왕이 다스리던 시대로 대영 제국의 최전성기예요. 그 당시 인도는 영국의 식민지였죠. 하지만 세포이 항쟁이 일어나면서 인도는 영국령이 됩니다. 세포이 항쟁은 1857년 영국 동인도 회사의 불합리한 대우에 불만을 가지고 있던 인도 병사(세포이)들이 일으킨 항쟁이에요. 이는 전국으로 확산되었지만 영국군에게 모두 진압되고, 그 결과 영국의 빅토리아 여왕이 인도 제국의 황제로 군림하게 됩니다.

이 항쟁 기간 동안 영국군은 자신을 보호하기 위해 야전에서 쉽게 구할 수 있는 카레 가루, 진흙, 흙먼지 등으로 하얀 능직 군복을 염색했어요. 이러한 군복을 카키 스쿼드론Khaki Squadron이라 불렀는데, 카키khaki는 힌두어로 '흙먼지'를 뜻한답니다. 하지만 인도의 강렬한 햇볕과 잦은 비 때문에 염색은 그리 오래가지 못했어요. 그래서 장교들은 아예 군복을 카키색으로 만들어 달라고 요구했지요. 하지만 이들의 요구가 실현되기까지는 20년 이상이 걸렸어요. 영국 면직 회사 대표인 리만이 카키색 군복을 만들어 납품한 때가 1883년부터거든요.

문법을 뜻하는 그래머와
글래머가 같은 뜻이었다?

glamour

글래머

글을 읽고 쓰는 것만으로도 좋은 대우를 받던 과거에는 그래머grammar가
'신비한 지식'을 의미했어요. 그래머에서 파생된 영어 글래머 역시 '마법'을 의미했죠.
글래머가 지금의 의미로 쓰이기 시작한 것은 1930년대 할리우드에서부터랍니다.

[한뼘 +] 라틴어 : 종교 개혁 전까지 쓰인 서양의 공용어. 당시 라틴어를 읽고 쓰는 능력은 대부분 사제들의 권한이었다.

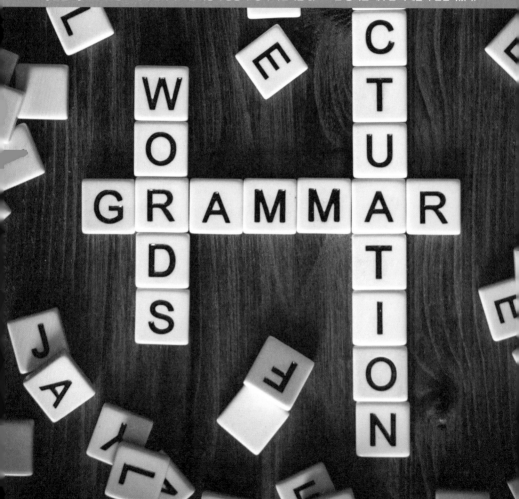

사전에서 '글래머glamour'를 찾으면 '육체가 풍만하여 성적 매력이 있는 여성'으로 나옵니다. 실제로 사람들은 '글래머' 하면 가슴이 풍만하고 늘씬한 여성을 먼저 떠올리지요. 아마도 '마법' 혹은 '문법'을 떠올리는 사람은 거의 없을 거예요. 글래머가 학교에서 외우던 지루한 '문법grammar'과 어원이 같다는 말은 더욱 믿지 못할 거고요.

그럼 이 단어가 어떻게 지금의 뜻을 가지게 되었을까요? 영어 단어 그래머grammar는 본래 '철자'를 의미했어요. 시간이 흐르면서 '문법'이라는 의미로 확장되었죠. 더 나아가 '모든 유형의 지식, 특히 신비한 지식'도 의미하게 되었고요. 사실 옛날에는 글을 읽고 쓰는 능력이 극히 소수에게만 허용되었어요. 고대 이집트 성직자들은 자신들의 권력을 유지하기 위해 읽고 쓰는 능력을 비밀로 간직했지요. 그 결과 일반 사람들은 그들의 능력을 신비하게 느꼈어요. 16세기 영국에서조차 라틴어를 읽고 쓰는 사람들은 높은 대우를 받았고요.

이러한 그래머가 스코틀랜드어로 들어가 그래머리gramarye가 되자 '마법' '마술' '주술'이라는 의미를 갖게 되었죠. 그리고 18세기에 r이 l로 바뀌고, 다른 모음 변화까지 생겨 글래머glamour라는 형태로 영어에 들어가요.* 이렇게 해서 만들어진 글래머는 원래 '마법'이라는 의미였어요. 1721년 출간된 어느 책에 쓰인 구절을 한번 볼까요?

악마, 마법사, 요술쟁이가 눈을 속일 때 사람들은 그들이 관중의 눈

---

* 윌프레드 펑크 지음, 양동현 옮김, 『영어 단어의 로맨스』, 천지서관, 1994, p. 265

에 마법glamour을 던졌다고 말한다.[*]

이 인용문에서 글래머는 사람들의 눈을 멀게 하는 '마법'을 의미합니다. 대표적으로 영국 역사 소설가 월터 스콧이 이 단어를 초자연적인 의미로 사용했지요.

그 후 글래머는 1840년대부터 '마술적인 아름다움' '유혹하는 매력'이라는 의미를 가지면서 서서히 여성과 연결됩니다. 본격적으로 '여성의 매력'이라는 의미로 사용되기 시작한 곳은 미국이에요. 1930년대 할리우드에서 '글래머 걸glamour girl'이라는 표현을 대대적으로 사용했거든요.

여러분, 흔히 글래머는 머리가 나쁘다고 생각하지 않나요? 그런데 어원만 보면 정반대예요. 글래머는 그래머(문법)에 매우 강한 사람일 테니까요.

---

[*] John Morrish, *Frantic Semantics: Snapshots of Our Changing Language*, Pan Books, 2000, p. 75

서양사람들은
와이셔츠를 모른다고?

white shirt

와이셔츠

와이셔츠는 일본인이 서양인의 '화이트 셔츠white shirt' 발음을 잘못 들어서
생긴 단어랍니다. 즉 '와이셔츠'라고 말하면 알아들을 서양인은 없겠지요.
이밖에도 우리 언어에는 일본어의 흔적이 얼마나 남아 있을까요?

[한뼘 +] 튜닉 : 고대 서양의 남녀가 입었던 기본 윗옷. 당대에는 길이가 무릎 정도까지 왔다고 한다.

한국은 19세기 말에서 일제강점기인 20세기 초에 일본을 통해서 많은 서양 문물을 받아들였어요. 그러다 보니 이 시기에 들어온 서양 문물 중에는 이름만 들으면 무엇인지 잘 모르는 경우가 아주 많아요. 바로 일본식 발음 때문이죠. 이를테면 부모님 세대는 '미싱'이 재봉틀을 가리킨다는 것을 알 거예요. 하지만 그들도 미싱이 머신machine의 일본식 발음이라는 것은 모를 것 같네요.

이와 비슷한 예가 와이셔츠white shirt예요. 많은 사람들은 두 팔과 몸통이 영어 Y를 연상시키기 때문에 '와이셔츠'가 되었다고 생각할 거예요. 하지만 이것은 착각이에요. 왜냐하면 일본인이 서양인의 '화이트셔츠white shirt' 발음을 잘못 들어서 생긴 단어거든요. 그리고 이것이 한국에 그대로 전해진 거고요. 결국 우리는 일본인이 잘못 듣고 표기한 것을 그대로 따라 하고 있는 셈이에요. 즉 와이셔츠는 철자상으로 영어 사전에 등재되어 있지만, 미국 사람이나 영국 사람도 알아듣지 못하는 이상한 영어랍니다.

와이셔츠 하니 '러닝 셔츠running shirt'도 생각나네요. 러닝 셔츠는 '운동 경기할 때 선수들이 입는 소매 없는 셔츠 혹은 속옷'을 말하지요. 그런데 이중에서 운동선수의 소매 없는 셔츠는 이해가 되지만, 속옷은 잘 이해되지 않을 거예요. 왜냐하면 속옷은 러닝, 즉 '달리기'와 아무런 관계가 없으니까요. 러닝 셔츠도 영어 사전에 없는 말이랍니다. 언더셔츠undershirt가 올바른 말이에요.

한편 러닝 셔츠를 다른 말로 '난닝구'라고 하지요? 이 또한 일본 사람들이 러닝 셔츠를 '란닝구'로 잘못 발음한 것을 한국 사람들이 따라

하다가 생긴 말이랍니다.

　그럼 셔츠의 유래에 대해서 간단히 알아볼까요? 의상 연구가들에 의하면, 초기 셔츠는 튜닉의 일종으로 남녀 구분 없이 무릎까지 내려오는 길이였다고 해요. 당시에는 옷이 너무 길어서 허리에 벨트를 착용하는 사람들도 있었대요. 하지만 바지와 스커트가 등장하고, 셔츠의 길이가 점점 짧아지면서 지금처럼 허리보다 약간 긴 형태가 되었죠. 유럽에서는 이러한 셔츠를 맨몸에 바로 입었다고 해요. 1800년대에 언더셔츠가 나타나기 전까지 말이죠.

　여러분, 언어생활에서도 '일제 청산'은 반드시 필요해요. 우리가 쓰는 말 중에서 일본식 발음으로 잘못된 것이 있다면 그대로 쓰지 않고 바로잡아야 하지 않을까요?

츄리닝은 읽는 방식에 따라 의미가 달라진다?

　앞에서 일본식 발음이 굳어진 단어들을 살펴보았어요. 그렇다면 우리가 '운동복'이라는 의미로 자주 사용하는 츄리닝은 제대로 발음한 걸까요? 츄리닝 역시 '운동이나 연습'을 의미하는 트레이닝 training을 일본어로 잘못 발음해서 생긴 단어예요.*

*　박숙희, 『반드시 바꿔 써야 할 우리말 속의 일본말』, 한울림, 1996, p. 297

흥미로운 사실은 영어 단어 트레이닝이 한국에서는 츄리닝뿐만 아니라 다른 의미로도 사용된다는 점이에요. 츄리닝으로 읽으면 운동이나 연습할 때 입는 옷을, 트레이닝으로 읽으면 '운동' '연습' '신입 사원의 양성'을 가리키거든요. 같은 단어인데도 읽는 방식에 따라 뜻이 달라지니 신기하지요? 참고로 츄리닝에 해당하는 올바른 영어 단어는 '스웨트 수트sweat suit'랍니다.

시상식에서 여배우들이
드레스를 고집하는 특별한 이유가 있다?

·dress·

드레스

드레스는 본래 '정돈하다'를 의미했어요. 즉 옷맵시를 정돈해 주기 때문에
공식 석상에 걸맞은 옷이죠. 요즘에는 옷맵시를 아름답게 만들어 주는
다른 옷들이 많으니 꼭 드레스를 입지 않아도 되겠죠?

[한뼘 +] 카트린 드 메디치 : 앙리 2세의 부인, 프랑스에 하이힐, 마카롱, 포크 등 피렌체의 선진 문화를 전파했다.

연말에는 수많은 시상식이 치러지죠. 연일 인터넷에 배우들의 옷차림이 실시간 검색어로 오르내리고요. 특히 매혹적인 이브닝드레스evening dress를 입고 시상식 레드카펫에 서는 여배우는 단연 주목을 받습니다. 이뿐인가요? 결혼식에서 신부를 눈부시게 만들어 주는 웨딩드레스wedding dress 또한 하객들의 관심사가 되죠.

이처럼 여성들은 공식 행사에서 드레스dress를 많이 입어요. 드레스가 예복일 뿐만 아니라 수직으로 늘어뜨려져 몸매를 아름답게 부각시키기 때문이죠. 드레스라는 단어는 바로 이 옷맵시와 관련이 있어요. 드레스의 어원이 '똑바른' '수직의'라는 뜻의 라틴어 디렉투스directus이니까요. 이 단어가 고대 프랑스어로 들어가서 '곧게 하다.' '정돈하다'를 뜻하는 드레세dresser로 바뀌었어요. 드레세는 1330년경 영어로 들어가 드레스로 바뀌고 14세기 말부터 '옷을 입다.'라는 의미를 갖게 되었지요. 17세기 중반에는 '옷을 잘 차려입다.'로 의미가 좁아졌고요. 이처럼 드레스는 본래 '일렬로 줄을 세우고 잘 정돈하다.'라는 의미에서 서서히 '옷을 입히다.' '옷을 입다.'라는 의미로 변했고, 마침내 '정성껏 차려입은 옷'을 가리키게 되었답니다.

드레스는 특히 허리선을 강조하는 옷이에요. 실제로도 여성들은 허리선을 매우 중시하지요. 지금도 '날씬하다'고 말하면 바로 가느다란 허리를 떠올리잖아요? 사실 여성들은 아주 오래전부터 가냘픈 허리선을 만들기 위해 많은 노력을 기울여 왔답니다. 이런 사실은 코르셋을 통해서 확인할 수 있죠.

코르셋corset은 '신체' '몸통'을 뜻하는 고대 프랑스어 코르스cors에서

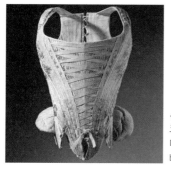

코르셋은 드레스 맵시를 한층 아름답게 돋보이게 하기
때문에 카트린 드 메디치가 프랑스에 유입시키자마자
빠르게 확산되었어요.

출발한 말이에요. 14세기에는 이 코르셋을 남자도 착용했답니다. 본래 코르셋은 허리에 꼭 끼는 남녀 공용 조끼를 가리켰거든요. 그러다 서서히 '여성의 졸라맨 몸통'을, 18세기 말부터는 '빳빳하게 죄는 속옷'을 가리키게 되었죠.

속옷 코르셋은 이탈리아에서 시작되었어요. 이것을 프랑스로 유입한 사람이 바로 카트린 드 메디치예요. 프랑스 궁정의 여성들은 그녀를 따라 '몸매를 아름답게 보이기 위해서는 코르셋이 필요하다.'고 여겨 코르셋을 착용하기 시작했어요. 그 위에 치마를 불룩하게 만드는 둥근 틀인 파딩게일도 착용하고요. 이러한 관습은 널리 퍼져 16세기 중반에는 영국 여성들도 코르셋을 즐겨 착용했답니다. 하지만 영국에서는 프랑스에 대한 반감으로 그들의 말인 코르셋 대신 스테이즈stays라는 말을 사용했죠. 물론 지금은 모두 코르셋이라고 부르고요.

참고로 과거 코르셋 중에 끈이 앞쪽에 달린 것은 보통 서민용이고, 뒤쪽에 달린 것은 상류층용이랍니다. 끈이 드레스의 허리 부위를 망칠 수도 있어 값비싼 상류층 코르셋은 끈을 뒤에 단 것이죠. 사실 귀족들에게는 뒤에서 끈을 매줄 하녀가 있었던 반면 평민들은 스스로 끈을 매고 조여야 했던 것이 실질적인 이유겠지요. 이렇게 보면 오늘날은 상당히 평등한 사회인 것 같네요.

사람들은
언제부터 속옷을 입었을까?

• lingerie •

란제리

란제리의 어원 리네우스lineus는 '아마로 만든'을 뜻해요.
어원으로 알 수 있듯이 사람들은 18세기 아마로 만든 부드러운 속옷이
등장하고 나서야 속옷을 입기 시작했답니다.

[한뼘 +] 마담 드 퐁파두르 : 루이 15세의 애첩. 프랑스 궁정 문화를 선도한 패셔니스타이자 문화 예술 후원자였다.

란제리lingerie는 브래지어, 팬티 등을 포함한 여성용 속옷을 말합니다. 대부분 여성 잡지, 홈쇼핑, 백화점 광고에 흔히 등장하는 외래어이죠. 그런데 이 익숙한 외래어도 우리가 잘 모르는 몇 가지 비밀을 간직하고 있답니다.

가장 먼저 살펴볼 이야기는 속옷 착용 관습이에요. 흥미롭게도 서양 여성들은 18세기 후반까지 팬티를 입지 않았답니다. 속치마 정도만 착용했을 뿐이지요. 그 이유는 질염을 매우 두려워 했기 때문이에요. 당시에는 의학이 별로 발달하지 않았기 때문에 질염에 걸리면 누구에게도 쉽게 말하지 못할 뿐만 아니라 죽을 수도 있었거든요.

그래서 속치마 제작자들은 많은 고민을 해야 했어요. 여성의 속살과 맞닿는 옷을 어떤 재질로 만들어야 할지 말이죠. 사람들이 찾아낸 최적의 소재는 아마였어요. 아마로 만든 천은 매우 부드러워서 고대 이집트에서도 최상급 소재로 여겨졌지요. '이집트' 하면 바로 떠오르는 미라 역시 아마포로 감싼 것이에요.

프랑스에서 아마를 본격적으로 재배한 것은 13세기부터예요. 프랑스어에 그 흔적이 남아 있죠. '아마로 만든'을 뜻하는 라틴어 리네우스lineus에서 12세기에 고대 프랑스어 란쥬linge라는 형용사가, 15세기에 렝주리lingerie라는 명사가 나왔거든요. 당시에 렝주리는 앞치마, 홑이불, 침대보 등 아마로 만든 제품 전체를 지칭하는 말이었지요. 프랑스의 아마 재배 산업은 18세기에 절정을 이루었지만, 1793년에 목화를 따는 기계가 발명되면서 점점 쇠퇴했어요. 프랑스어 '렝주리'가 영어로 들어간 것은 19세기 전반이에요. 영어로 들어가면서도 프랑스식 발음

속치마의 일종인 페티코트 위에 가운을 걸친 마담 퐁파두르의 초상화예요.
그녀는 루이 15세의 총애를 받으며 프랑스 궁정 문화를 선도하고
당대 예술이 꽃피도록 적극 후원했답니다.

을 존중해 '렝저리' 또는 '란제리'라고 했지요.

속옷을 '아마포로 만든 옷'이라고 부른 것은 우회적인 표현이에요. 일종의 언어적 금기이죠. 인류사를 살펴보면 사람들은 신체의 은밀한 부위를 세련된 용어, 단순한 암시, 어조 완화, 외국어의 차용 등으로 돌려 말해 왔어요. 특히 성기 혹은 성기와 관련된 물건을 지칭하는 말은 대부분 터부시 여겼죠. 그래서 영미권 사람들은 '란제리'라는 프랑스어를 차용하여 속옷을 직접 지칭하지 않았던 거예요. 프랑스어로 우아한 느낌을 더하고자 했던 다른 목적도 있고요.

오늘날에는 아마포로 속옷을 만들지 않아요. 모두 면, 실크, 합성 섬유 등으로 제작하지요. 하지만 여전히 우리는 여성용 속옷을 '란제리'라고 불러요. 마치 더 이상 엔진을 데우지 않아도 되는 운전기사를 계속해서 '쇼페르chauffeur', 즉 '(엔진을) 데우는 사람'이라고 부르는 것처럼 말이에요.

'거시기'가 오래된 언어 관습이라고?

터부는 "부정한 사물·장소·행위·인격·말 따위에 관하여 접촉하거나 이야기하는 것을 금하거나 꺼리는 것"을 말해요. 이러한 터부는 언어에서 가장 많이 나타나죠. 대표적인 예가 전라도의 '거시기'입니다.

그런데 여러분, 터부가 어느 나라의 말일 것 같나요? 터부taboo의 어원은 영국의 탐험가 제임스 쿡의 저서 『태평양 항해』에 나오는 터부tabu예요. 이 터부가 구체적으로 어느 나라 또는 어느 민족의 말인지는 모르지만, 말레이-폴리네시아어라는 것, 그리고 그 의미가 '신성한' 또는 '금지된'이라는 것만은 분명하답니다.

서양에서 가장 흔한 이름은
무엇일까?

jacket

재킷

14세기 프랑스에서 가장 흔한 남자 이름은
자크Jacque였어요. 그래서 당시 농민들이 자주 입던 옷은 재킷의 어원인 자크jaque,
그들이 백 년 전쟁 중 일으킨 반란은 자크리Jacquerie의 난이라고 불렀답니다.

[한뼘 +] 백 년 전쟁 : 영국과 프랑스가 116년 동안 벌인 전쟁. 그 결과 두 국가는 중앙집권체제를 구축했다.

재킷jacket은 '앞이 터지고 소매가 달린 짧은 겉옷'을 말해요. 흔히 '자켓' '자킷'이라고 하지만, 이것은 잘못된 외래어 표기법이에요. 가장 좋은 표기법은 우리말인 웃옷이고요. 그런데 이 재킷의 유래가 재미있답니다. 재킷은 베르탱처럼 유명 디자이너가 만들거나 왕족 혹은 귀족이 입던 옷이 아니에요. 평범한 농부들이 있었던 옷이랍니다.

재킷의 어원은 사람 이름이에요. 바로 프랑스에서 매우 흔한 남자 이름 자크Jacque이죠. 이 이름은 14세기에 프랑스 농부 전체를 가리킨 일종의 속명屬名(generic name)이기도 했어요. 이 자크로부터 '긴 웃옷'을 뜻하는 고대 프랑스어 자크jaque가, 그리고 시간이 더 흘러 자켓jaquet이 나왔죠. 이 자켓이 15세기 중엽에 영어로 들어가 오늘날의 재킷이 되었어요. 그렇다면 왜 이 옷을 자크라고 불렀을까요? 그 이유는 앞에서 언급했듯이 당시 프랑스 농부의 이름 중 자크가 흔한 이름이었기 때문이에요. '자크가 입는 옷', 즉 당대 농부들이 입는 옷이라는 의미였죠. 요컨대 오늘날 우리가 입고 있는 웃옷의 원형은 중세 프랑스 농부들이 일할 때 입는 옷이었던 거예요.

이 이름을 딴 농민 폭동도 있었어요. 바로 북프랑스에서 일어난 자크리Jacquerie의 난이에요. 이 폭동은 백 년 전쟁 중 일어난 푸아티에 전투 때문에 발생했어요. 당시에는 전염병, 기근, 오랜 기간 이어지는 전쟁으로 농민들의 생활이 궁핍해지고 봉건제에 대한 반감이 거세지고 있었어요. 이러한 분위기 속에서 푸아티에 전투로 영국군에게 패한 프랑스 군인들이 유랑민이나 도둑이 되어 자국의 농민을 괴롭혔지요. 그래서 1358년 5월 28일에 프랑스 북부 보베에서 농민들이 반란을 일

❖❖❖
14세기는 흑사병, 기근, 전쟁으로 혼란한 시기였어요. 여기에 푸아티에 패전 후 유랑민이 된 군인들의 괴롭힘까지 더해지자 '자크리의 난'이 일어날 수밖에 없었지요.

으켰어요. 폭동은 순식간에 노르망디, 피카르디, 샹파뉴 등 다른 지방으로까지 확산되었지요. 그러나 다른 도시들과 협력하지 못하고 내분마저 일어나 실패로 돌아갔어요.

한편 자크라는 이름이 프랑스에만 흔한 건 아니었답니다. 프랑스어 자크에 해당하는 영어는 잭Jack인데, 이 이름 역시 영국에서는 가장 흔한 이름이었죠. 당시 영국에서 잘 모르는 사람을 부를 때 "Hey, Jack."이라고 할 정도였으니까요. 그것이 옆집 농부든 처음 보는 선원이든 상관없이 말이에요.

영국에서 잭이라는 이름을 이렇게 널리 사용하게 된 이유는 잭이 단음절이어서 부르거나 기억하기 쉬웠기 때문인 것 같아요. 그래서 잭은 엔진, 악기의 일부분, 수컷 새 등의 이름에도 사용되었답니다. 잭나이프Jackknife도 마찬가지예요. 칼날을 접어 칼집에 넣을 수 있게 만든 휴대용 주머니칼인 잭나이프는 다른 칼과 달리 '누구나' 안전하고 쉽게 휴대할 수 있었기 때문에 나이프knife 앞에다 잭Jack을 붙인 거죠. 마치 전라도 사투리 '거시기'처럼 말이에요.

요즘 가장 흔한 이름은 무엇인가요? 우리 주변에도 '자크' 같은 이름이 있겠죠? 혹시 그 이름이 전혀 다른 분야에 붙지도 않나요? 마치 OOO법처럼 말이죠. 이제 재킷을 입는다면 14세기 프랑스 농부의 삶을 한 번 떠올려 보세요.

서양에는 원래 성이 없었다?

앞에서 이야기했듯이 프랑스에서는 많은 사람들이 '자크'라는 이름을 가지고 있었어요. 그런데 여러분, 자크가 여러 명이면 어떨까요? 중세 봉건 시대를 지나 도시 간의 교류가 점점 활발해지면서 같은 이름을 사용하는 사람들이 한곳에 모이는 경우가 많아졌어요. 자연스레 불편한 일들이 많이 생겼죠.

그래서 사람들은 이름 다음에 또 다른 이름을 덧붙였어요. 마이클 잭슨, 존 킹, 폴 스미스 등으로 부르기 시작한 거예요. 이렇게 성은 '덧붙인' 이름이라고 해서 서네임surname, 같은 조상과 부모를 가진다는 뜻으로 패밀리 네임family name, 마지막에 오는 이름이라는 뜻으로 라스트 네임last name이라고 불린답니다.

서양 사람들은 성을 직업, 출신 지역, 개인 특징, 별명 등을 고려해 만들었어요. 예를 들면 폴 스미스Paul Smith의 조상은 대장장이랍니다. 스미스smith가 보통 명사로 '대장장이'를 가리키니까요. 성에 우드wood 혹은 스콧Scott이 붙으면 그의 선조는 숲속에 살거나 스코틀랜드에서 이주한 사람일 확률이 높고요. 블랙Black, 브라운Brown 등 피부색이라거나, 리틀Little, 롱맨Longman 등 신체 특성을 고려해 만든 성도 있어요.

그렇다면 프린스Prince, 로드Lord, 킹King 등은 어떻게 만들어진 성일까요? 이들의 조상이 정말 왕이나 왕자였을까요? 물론 아니랍니다. 이런 성들을 가진 사람들의 조상은 대부분 중세 마을에서 거행된 연극에서 왕, 주군, 왕자 등의 역할을 맡았던 배우들이었어요.

마지막으로 우리에게 익숙한 잭슨Jackson, 윌슨Wilson 등을 설명할게요. 이 작명 원리도 간단해요. 어떤 아이가 태어났는데, 마땅한 성이 없으면 아버지의 이름을 활용해 '잭의 아들(son of Jack)'이라는 식으로 만든 성이거든요.

이처럼 사람의 이름이나 성만 가지고도 문화의 한 면을 엿볼 수 있습니다. 그러니 단어 속에 숨은 이야기는 얼마나 풍부한가요?

왜 남녀의
단추 위치가 다를까?

• button •

단추

남성 옷과 여성 옷의 단추 위치가 다른 이유는 중세에 남성과 여성이
옷을 입는 방식과 요구되는 역할이 달랐기 때문이랍니다.
우리는 낡고 오래된 관습을 여전히 따라 하고 있는 셈이지요.

【 한뼘 + 】 단추 : 오늘날과 같은 단추는 13세기에 출현했지만, 기원전 6000년경부터 뼈, 금속 핀 등을 단추로 활용했다.

혹시 지금 입은 옷에 단추가 있다면 한번 자세히 보세요. 단추에는 의류를 넘어서 성, 계급 등에 관한 깊은 고민이 깃들어 있답니다. 손톱만한 단추에 담긴 깊고 넓은 역사 이야기를 알아볼까요?

오늘날처럼 옷 한쪽 가장자리에 고리 또는 구멍을 만들고 거기에 단추라고 부를 수 있는 것을 밀어 넣는 방식은 13세기부터 시작되었어요. 하지만 인류에게 옷을 잠그는 문제는 오래전부터 지속된 고민으로 보여요. 고대 그리스 혹은 로마 시대 유물로 단추와 비슷한 기능을 한 금속 혹은 돌이 발견되기도 하니까요.

어원에도 그 흔적이 남아 있어요. '단추'의 영어 단어 버튼button은 13세기에 프랑스어 부통bouton에서 나온 말이에요. 부통은 '밀어 넣다.'라는 의미의 동사 부테bouter에서 왔고요. 그래서 어원상으로 버튼은 '밀어 넣는 어떤 것'이죠.

단추와 관련해 흥미로운 사실은 남성과 여성의 단추 위치가 다르다는 것이에요. 남성복은 오른쪽에, 여성복은 왼쪽에 달려 있죠. 첫 번째 이유는 남성과 여성이 옷을 입는 방식이 달랐기 때문이에요. 남성은 주로 스스로 옷을 입었고, 여성은 하인이 옷을 입혀 주었거든요. 즉 오늘날 여성들은 상류층의 옷을 따라 하고 있는 셈이지요.

두 번째 이유는 남성과 여성의 역할 때문이었어요. 불시에 싸움이 시작될 수 있는 중세 시대에는 남성이 언제나 무장을 한 채 다녔어요. 칼을 휘두르는 오른손은 늘 따뜻해야 했고요. 그래서 남성 옷의 단추는 오른쪽에 달렸답니다. 그렇게 해야 단추와 단추 사이로 오른손을 넣어 따뜻하게 데울 수 있었거든요.

반면에 오른손잡이의 여성은 여러 사람이 있는 자리에서 수유를 할 경우 왼쪽으로 아기를 받쳐 들고 왼쪽 젖을 물리는 게 편했어요. 옷의 오른쪽 자락으로는 아기를 찬바람으로부터 보호하고요. 그래서 여성 옷의 단추는 왼쪽에 달린 것이죠. 즉 중세 시대 남녀에게 다르게 요구되는 역할 때문에 단추의 위치가 오늘날까지 다른 것입니다.[*]

한 가지 특별히 강조하고 싶은 것은 이처럼 단추와 같은 작은 사물에도 선조의 오랜 고뇌와 노력이 담겨 있다는 사실이에요. 사실 우리 주위에서 보이는 모든 물건은 어느 한 사람의 발명이 아니라 인류 전체의 발명이라고 생각해야 해요. 인류의 거듭된 고민과 더불어 발전한 과학과 기술이 맞물려야 비로소 그 결과물이 탄생하니까요.

* R& L. Brasch, *How did it begin?*, Mif2006, pp.111~113

2.
오감을 느끼는
'음식'의 역사

유럽에서는
메뉴가 요리사를 위한 것이었다?

• menu •

메뉴

17세기 유럽에서 메뉴는 손님을 위한 것이 아니라
주방에서 일하는 사람 혹은 종업원을 위한 것이었답니다.
19세기에 들어와서야 손님을 위한 메뉴가 등장했다네요.

[한뼘 +] 송 : 조광윤이 960년에 건국한 나라. 지나친 문치주의로 후에 국방력이 약화되었다.

RISOTTO DI PESCE €13,₀₀
RICE WITH SEAFOOD

SPAGHETTI AI FRUTTI DI MARE €1₃,₀₀
SPAGHETTI WITH SEAFOOD

SPAGHETTI CON SEPPIE IN NERO €1₃,
SPAGHETTI WITH CUTTLEFISH

PENNE ALLA BOSCAIOLA €1₃,
PENNE WITH HAM, MUSHROOMS, CREAM

MEAT & FIS

AI FUNGHI

'메뉴'는 식당에서부터 컴퓨터에 이르기까지 다양하게 사용되는 단어입니다. 식당에서는 차림표, 요리 목록을 가리키는 용어지요. 컴퓨터에서는 화면 상단에 제공되는 여러 가지 기능을 말하고요. 예를 들어 바탕화면에 있는 아이콘처럼요. 참고로 메뉴를 컴퓨터 용어로 사용한 것은 1971년부터랍니다.

본격적으로 어원을 살펴보기 전에 잠깐 발음에 대해서 알아볼까요? 여러분, 영어 '메뉴'를 어떻게 발음하고 있나요? 대부분 메뉴라고 하겠죠. 하지만 정확한 발음은 '머뉴'랍니다. 어색하다고요? 그래도 외국에 가서 정확하게 의사소통을 하려면 알아 놓는 것이 좋지 않을까요? 지금은 '짜장면' '자장면' 둘 다 통용되는 것처럼 언젠가는 익숙해져야 소통할 수 있을 테니까요. 이런 의미에서 지금부터는 메뉴를 '머뉴'라고 할게요.

머뉴menu는 '줄이다'라는 뜻을 가진 라틴어 동사 미누에레minuere에서 유래했어요. 이 동사의 과거분사 미누투스minutus가 프랑스어로 들어가 머뉴가 되었지요. 참고로 미누투스에서 유래한 또 다른 영어 단어로 시간의 '분'을 가리키는 미닛minute이 있답니다. '한 시간을 작게 나눈 것'이라는 뜻이지요.

머뉴는 언제부터 '음식 차림표'를 의미했을까요? 최초의 음식 머뉴는 중국 송나라로 거슬러 올라가요. 당시 송나라는 농업, 직물업, 제철업 등 다양한 산업이 크게 발전한 나라였습니다. 후에 남송으로 세력이 줄고도 조선술, 항해술, 나침반 등이 발달한 덕분에 해상 무역으로 풍요로움을 계속 유지했죠. 그래서 고려부터 이슬람까지 세계 곳곳의

송나라의 대표 화가 장택단이 그린 송나라 도성의 모습이에요.
그림에 나타난 것처럼 송나라는 경제와 문화가 발달한 나라였어요.
하지만 안으로는 날로 심해지는 부정부패에 민란이 발생하고, 밖으로는
금나라의 계속된 침략으로 세력이 축소되어 도읍을 옮기기까지 했지요.
그래도 송나라(남송)는 해양 무역으로 풍요로움을 유지했습니다.
당시 아시아와 유럽을 연결하는 주요 항구들을 가지고 있었거든요.

상인들이 송나라의 무역항인 항저우, 광저우 등으로 몰려들었습니다. 이로 인해 광저우에 있던 시박사(해상 무역 관할 관청)를 취안저우, 항저우에까지 확대했죠.

이렇게 발전한 무역 도시의 식당들은 먼 길을 온 상인들로 문전성시였답니다. 그러니 바쁜 식당 주인들이 외국 상인들의 입맛을 하나하나 맞출 수 없었지요. 요리 하나하나를 세세하게 설명할 수도 없었고요. 그래서 손님들에게 일종의 음식 차림표를 주고 주문하게 한 것이 머뉘의 시작이었어요.

유럽에서 머뉘는 중세 말에 나타납니다. 하지만 음식에 관한 것이 아니라 '전체에 대한 요약' 또는 '상세한 목록'이라는 의미였어요. 머뉘가 식사의 구성 방식이나 요리 목록을 가리킨 것은 17세기부터예요. 이때에도 손님을 위한 것이 아니라 주방에서 일하는 사람 혹은 종업원을 위한 목록이었답니다. 몇몇 오베르주(프랑스 가정식을 맛볼 수 있는 식당)에서만 그날 파는 음식을 써서 내붙이는 정도였지요. 19세기에 들어와서야 손님에게 요리를 설명하기 위해 만든 머뉘가 등장합니다. 당시 머뉘에는 프랑스식 코스 요리가 아니라 1인분씩 파는 요리들이 적혀 있었다고 해요.

머뉘는 일반적으로 식전주(아페리티프apéritif), 전식(오르되브르hors d'œuvre), 본식(플라프렝시팔plat principal), 치즈(프로마주fromage), 후식(데세르desserts), 식후주(디줴스티프digestif), 커피(카페café) 순으로 이어져요. 프랑스인들은 식도락에 머뉘가 반드시 필요하다고 말합니다. 무엇을 먹을지 결정하게 해주고 다음 요리에 대한 식욕을 남기도록 도와주기 때문이지요.

특이하게도 고급 프랑스 식당에서는 남자 손님과 여자 손님에게 주는 머뉘가 다르답니다. 여자 손님용 머뉘에는 가격이 없지요. 각자 부담하는 문화가 발달한 나라에서 남녀에게 주는 머뉘가 다르다니 흥미롭지 않나요?

도넛에는
왜 구멍이 있을까?
• doughnut •

도넛

빵 반죽을 튀길 때 가운데까지 바삭하게 익히는 것은 어려워요.
오래 튀기면 다 타버릴 테고, 그렇지 않으면 가운데가 눅눅할 테니까요.
그래서 한 소년이 가운데 반죽을 칼로 도려내면서 도넛에 구멍이 생겼답니다.

[한뼘 +] 청교도 : 영국의 개신교. 심한 박해를 받고 미국으로 이주하면서 네덜란드의 간식 도넛을 전파했다.

도넛을 좋아하지 않는 어린아이가 있을까요? 아마 별로 없을 거예요. 밀가루 반죽을 둥글게 만들어 팔팔 끓는 기름에 튀긴 달콤한 도넛은 남녀노소 누구나 좋아하는 간식이지요. 어릴 때 도넛 한 개는 입에 베어 물고, 한 개는 손가락에 끼워 돌리면 참 행복했던 것 같아요.

도넛은 '밀가루 반죽'을 뜻하는 도우dough와 '견과류'를 뜻하는 넛nut의 합성어예요. '넛'은 밀가루 반죽을 기름에 넣고 튀기면 호두나 밤처럼 딱딱해지기 때문에 붙은 말이지요. 구멍이 뚫리지 않은 도넛의 경우 중간 부분이 잘 익지 않아 견과류 등을 넣어 만들어서 붙었다는 이야기도 있답니다. 온라인 어원사전에 따르면, 미국의 수필가이자 소설가인 워싱턴 어빙이 1809년 도넛에 관한 최초 문헌 기록을 남겼어요. 그는 "공처럼 생긴 밀가루 반죽을 돼지기름에 튀긴 달콤한 빵으로, 도넛doughnut 또는 올리코엑스olykoeks라고 불리는 것들"이라고 도넛을 묘사했지요.

올리코엑olykoek은 당시 네덜란드인이 즐겨 먹던 일종의 오일케이크를 말합니다. 도넛이 지금은 대표적인 미국 음식이지만 사실은 네덜란드 음식이에요. 1620년 영국 청교도인들이 네덜란드에 잠시 머물 때 접했던 걸 미국으로 가져갔다네요. 이처럼 미국 음식으로 알려진 것 중에는 유럽에서 유래된 것이 많아요. 햄버거 역시 독일 함부르크에서 유래했지요.

그런데 도넛은 처음에 반지 모양이 아니었어요. 그럼 언제부터 모양이 바뀌었을까요? 전해지는 여러 이야기 중에서 네덜란드계 미국인 이야기를 들려줄게요. 1847년 열다섯 살의 네덜란드계 미국인 소년 핸슨 그레고리가 있었어요. 이 소년은 어머니가 만들어 주는 둥근 빵을 매우 좋아했답니다. 단 한 가지 점만 빼고 말이죠. 빵의 가장자리는 바삭바삭했지만 한가운데가 늘 눅눅했거든요. 가운데를 맛있게 튀기려면 빵을 기름 속에 오래 넣어 두어야 하는데, 그렇게 하면 가장자리가 다 타버리기 때문에 그렇게 할 수가 없었지요. 이런 저런 고민 끝에 그레고리는 간단한 해결 방법을 생각해 냈어요. 그것은 바로 밀가루 반죽을 기름에 튀기기 전에 가운데를 칼로 도려내는 것이었지요.

또 다른 이야기도 있어요. 주인공은 같은 핸슨 그레고리예요. 하지만 소년이 아니라 배를 지휘하는 선장인 그레고리의 이야기랍니다. 어느 날 그레고리 선장은 조타수(키잡이)가 자주 허기를 느낀다는 사실을 알았어요. 하지만 조타수는 계속 운전을 해야 했기 때문에 제때에 음식을 먹을 수 없었지요. 그레고리는 여러 날을 고민하다 간단한 방법을 떠올렸어요. 구멍이 난 빵이라면 키의 살에 끼워 조타수가 필요할 때마다 먹을 수 있을 거라고 말이죠. 이렇게 해서 도넛이 오늘날처럼 반지 모양이 되었답니다.*

이 두 이야기는 서로 다르지만 공통적으로 '궁하면 통한다.'는 옛말을 상기시킵니다. 우리가 좋아하는 오늘날의 간식이 매우 간단한 발상에서 나온 것처럼 여러분도 어려울 때마다 한 뼘씩만 사고를 전환해 보는 건 어떨까요?

---

* R. Brasch, *That takes the cake*, HarperCollins Publishers(Australia) Pty Ltd., 1995, pp.68~69

튀김은 일본 고유의 음식이 아니다?

도넛은 밀가루 반죽을 기름에 튀긴 음식이죠. 일본어로 '튀김'은
덴푸라tenpura라고 해요. 이 '덴푸라'는 포르투갈어 '템페라르temperar'
에서 유래한 말이에요. 이 말은 16세기 한 선교사가 일본에 소개한
기독교 용어로, 고기를 먹지 않는 기간을 가리키던 말이랍니다. 일
본인들이 템페라르 기간에 야채를 튀겨 먹는 선교사들을 흉내 내어
여러 튀김 요리를 만들면서 동양과 서양을 이어준 셈이죠.*

---

* 박영수, 『그 나라의 문화가 궁금하다』, 학민사, 2003, p.33

미국에는
미국 음식이 없다?

•*hot dog*•

핫도그

우리가 오늘날 미국 음식이라고 생각하는 것들은
대부분 유럽에서 건너왔어요. 19세기 골드러시가 일어나면서 미국으로 건너온
유럽 이민자들 때문이죠. 대표적인 예가 바로 세계인의 간편식 핫도그랍니다.

[한뼘 +] 골드러시 : 19세기 미국에서 금광이 발견된 지역으로 사람들이 몰려든 현상. 캘리포니아 금광이 유명하다.

핫도그는 익힌 소시지를 긴 빵 속에 넣어 먹는 대표 간편식이지요. 그런데 이 핫도그는 미국 음식이 아니랍니다. 이 음식은 독일과 깊은 관련이 있죠. 핫도그를 만드는 데 필요한 소시지 역시 독일에서 유래했고요.

실제로 핫도그의 유래와 관련해 언급되는 사람들 대부분은 독일에서 미국으로 건너온 이민자들이에요. 1870년경 미국 뉴욕 브루클린 남쪽에서 긴 빵에 소시지를 넣어 팔았다는 찰스 펠트만, 1880년 미국 미주리 주 세인트루이스에서 손님이 손을 데지 않도록 뜨거운 소세지를 긴 빵에 넣어 팔았다는 앤트완 포이트방거가 대표적인 사람들이지요.

왜 미국의 수많은 음식들이 유럽에서 건너왔을까요? 특히 독일에서 많이 건너온 이유는 무엇일까요? 그 배경은 19세기에 유행했던 유럽인들의 미국 이주로 추정할 수 있어요. 당시 1848년 혁명(자유주의와 민주주의를 향한 갈망으로 유럽 곳곳에서 일어난 봉기)의 실패로 불만이 가득한 다수의 유럽인들은 골드러시가 한창이던 미국으로 이주합니다. 특히 독일 사람들이 많았어요. 혁명의 반작용으로 독일이 통일 제국으로 거듭났기 때문이죠. 미국으로 가는 선박이 대부분 독일 브레머하펜에서 출발하기도 했지요.

핫도그는 본래 노동자들이 길거리에서 많이 먹는 음식이었어요. 하지만 미국 야구장에서 이것을 찾는 사람들이 늘어나면서 대중화되었지요. 1903년 겨울, 영국인 해리 스티븐슨은 많은 사람을 고용하여 뉴욕 자이언츠의 홈구장인 폴로 그라운드에서 핫도그를 팔았어요. 고용된 행상인들은 이렇게 말했다고 해요.

❖❖❖
혁명의 실패로 인한 좌절감과 배고픔에 굶주린 유럽인들에게 일확천금을 모을 수 있다는 캘리포니아 이야기는 마지막 희망이었을지 몰라요. 1849년 약 10만 명의 사람들이 캘리포니아로 몰려들었답니다.

"여기 매우 따끈한 닥스훈트 샌드위치가 있습니다!(Get your Dachshund sandwiches while they're red hot!)"

긴 소시지가 개 닥스훈트의 모양과 관련이 있었기 때문에 처음에는 핫도그를 위와 같이 불렀던 것이죠. 야구장에서 인기 있는 이 음식의 이야기는 곧《뉴욕 포스트》의 만화가 태드 도건의 귀에도 들어갔어요. 하지만 그는 닥스훈트의 철자를 잘 몰라서 만화에 그냥 핫도그라고 적었지요. 이것이 바로 핫도그라는 이름의 유래랍니다.*

핫도그에 빠질 수 없는 케첩ketchup은 어디서 온 말일까요? 이 말은 중국 남동쪽 아모이 방언 코에치압koechiap에서 유래했어요. 당시 이 단어는 '물고기의 소금물'이라는 뜻이었지요. 이것은 말레이어(말레이시아, 인도네시아, 싱가포르에서 쓰이는 언어) 키찹kichap을 거쳐 18세기에 영어로 들어가 케첩이 되었어요. 이 소스는 본래 버섯, 호두, 오이, 굴을

---

* Michael Quinion, *Posh and other language myths*, pp.153~155

섞어 만들었는데, 강한 신맛 때문에 미국 선원들이 토마토를 추가하면서 토마토케첩tomato ketchup이 탄생했답니다. 참고로 다진 고기와 야채를 볶아 밥과 함께 내는 중국 요리인 참수이Chop Suey야말로 미국에서 유래한 음식이랍니다.

소시지가 길게 생긴 이유는 강아지 때문이다?

핫도그의 핵심이라 할 수 있는 소시지는 다진 고기에 소금, 허브, 돼지기름을 첨가하고 동물의 창자나 인공 외피에 싸서 쟁여 두었다가 익혀 먹는 음식이에요.

여기에서 주목할 단어는 '소금'이에요. 소시지sausage의 어원은 '소금에 절인'을 뜻하는 라틴어 살수스salsus랍니다. 이 단어가 라틴어 살시쿠스salsicus와 고대 프랑스어 사우시츄saussiche, 소시지 sawsyge를 거쳐 15세기 중반 영어로 들어가 오늘날의 소시지가 되었어요.

소시지는 참 오래된 음식이에요. 고대 그리스 시대에 쓰인 『일리아드』에도 등장한답니다. 여기에는 병사들이 고기 반죽을 창자에 채워서 먹는다는 구절이 나오지요. 이는 중세 유럽으로 이어져 프랑크푸르트, 볼로냐, 로마 같은 지역의 이름을 딴 다양한 소시지가 만들어지죠.

이중 가장 널리 알려진 것은 프랑크푸르트 소시지예요. 1850년대 독일 중서부 프랑크푸르트 정육점 조합은 투명하고 얇은 창자에 향신료로 양념한 고기를 집어넣고 훈제해 소시지를 만들었어요. 이 소시지는 굵고 지방이 많아 부드러워서 큰 인기를 얻었지요.

그런데 그 모양의 유래가 참 재미있답니다. 어떤 정육점 주인이 기르던 닥스훈트가 사람들에게 귀여움을 받는 것을 보고 소시지를 이 개처럼 길게 만들었다고 전해지거든요.* 이러한 닥스훈트 소시지는 미국에도 그대로 전해져 앞에서 이야기한 것처럼 핫도그가 처음에 닥스훈트 샌드위치로 팔렸답니다.

---

* 찰스 패너티 지음, 김대웅 옮김, 『배꼽티를 입은 문화 2』, 자작나무, 1995, p.204

초콜릿이
쓴맛의 대명사였다?

─────── •*chocolate*• ───────

초콜릿

카카오의 원산지인 중남미에서는 코코아를 매우 쓰게 먹었어요.
하지만 에스파냐 귀족들은 이 코코아에 단맛을 첨가하고
뜨겁게 데워 마셨다고 합니다. 이렇게 초콜릿의 단맛이 시작된 것이죠.

[한뼘 +] 에르난 코르테스 : 에스파냐 출신 탐험가. 아즈테카 왕국을 정복하고 그곳에 카카오 농장을 만들었다.

'초콜릿' 하면 사람들은 흔히 '부드러움' '달콤함'을 떠올리죠. 하지만 원래 초콜릿은 이런 맛과 거리가 멉니다. 오히려 정반대였어요. 또한 모양도 보통 네모난 고체 덩어리를 떠올리지만, 원래는 마시는 '액체'였고요.

초콜릿의 기원을 찾으려면 약 4000년 전의 원주민 나와틀족이 살던 중남미로 가야 해요. 당시 나와틀족은 초콜릿의 주된 원료인 카카오를 매우 귀하게 여겼답니다. 화폐 혹은 약용으로 사용했죠. 혹은 카카오 열매를 곱게 부숴 옥수수 가루와 섞은 다음 약간의 물을 부어 신에게 바치기도 했고요. 각종 꿀과 허브 그리고 칠리(중미의 매운 고추)까지 섞어 쓴맛을 내는 음료로 말이죠. 나와틀족은 이 쓴 초콜릿 액체를 쇼콜라틀xocolatl이라고 했어요. 쇼콜라틀은 '쓴'이라는 뜻의 쇼코크xococ와 '물'이라는 뜻의 아틀atl을 합쳐 만든 말이에요. 이 단어가 1520년에 에스파냐어로 들어가 초콜라테chocolate가 되었고, 똑같은 형태로 영어로 들어가 초콜릿chocolate이 되었지요.

카카오는 대항해 시대에 유럽으로 전해졌습니다. 가장 처음 에스파냐로 카카오를 가지고 간 사람은 크리스토퍼 콜럼버스예요. 그는 1502년 네 번째 항해 중에 온두라스에서 카카오를 발견했어요. 그리고 에스파냐로 돌아와 이를 소개하지만 별로 주목을 받지 못했지요..

본격적으로 카카오를 유럽에 알린 사람은 에르난 코르테스예요. 1519년 그가 멕시코 해안에 상륙하자 아즈텍 사람들은 그를 케찰코아틀(고대 중남미의 신. 깃털을 가진 뱀의 형상으로 알려져 있다.)로 생각해 카카오 음료를 대접했다고 해요. 코르테스는 이 음료의 원료인 카카오

❖❖❖
아즈테카 왕국을 정복한 에르난 코르테스는 당대 위대한 탐험가이자 뛰어난 군사 지략가로 평가받았지만 오늘날에는 침략자 또는 살인마로 평가받아요.

가 금과 동일한 가치가 있다고 판단했어요. 그리고 최초의 카카오 농장을 만들어 에스파냐로 수출했지요. 카카오를 향한 사람들의 관심은 높았어요. "그것을 마시면 당신은 하루 종일 피곤하지 않습니다. 이것이 마법의 약이 아니고 무엇일까요?"라고 말할 정도였죠. 그래서 날로 치솟는 카카오 음료의 인기 때문에 사람들은 이 음료 제조법을 80여 년이나 비밀로 했대요.

에스파냐 귀족들은 이 음료가 너무 써서 단맛을 첨가하고 뜨겁게 데워 마셨다고 합니다. 이렇게 만들어진 단맛의 카카오 음료가 이탈리아를 비롯한 유럽 전역으로 확산되었고, 1764년에는 존 해넌과 제임스 베이커가 미국에 최초의 초콜릿 공장을 만들면서 바다 너머까지 알려졌지요.

1828년에는 네덜란드의 반 하우텐이 카카오 콩 분말에서 카카오버터를 생산해 내고, 1847년에는 영국의 한 제과 회사가 이 카카오 버터에 맛술을 섞어 세계 최초의 고체 초콜릿을 생산해 냈어요. 1876년에는 스위스의 대니얼 피터스가 거기에 우유를 첨가해 부드러운 초콜릿을 만들었고요.

초콜릿은 가공성형이 자유로워 어떠한 것도 자유롭게 첨가할 수 있어 지금까지도 다양한 신제품이 개발되고 있답니다. 하지만 초콜릿을 즐겁게만 먹기보다 입에 넣고 그 침략의 역사를 다시 한 번 생각해 보는 것은 어떨까요?

이름 없는 민족이 있다?

중남미 아즈텍 사람들처럼 대항해 시대에 침략을 당했던 민족으로 오스트레일리아에 살던 애버리지니가 있어요. 1770년 영국 탐험가 제임스 쿡이 오스트레일리아를 발견한 후, 수많은 영국인이 그곳으로 이주하기 시작했죠. 그런데 언제부턴가 애버리지니의 인구수가 차츰 감소하는 거예요. 애버리지니에게는 영국인이 가져온 질병에 저항력이 없었기 때문이죠. 영국인이 저지른 인종 학살 또한 큰 한몫했고요.

현재 애버리지니는 45만 명가량으로 오스트레일리아 전체 인구의 약 2.4%를 차지한다고 해요. 그리고 여전히 영국계 백인들로부터 무시와 차별을 받고 있고요. 애버리지니aborigine라는 이름 역시 '-로부터'를 뜻하는 앱ab과 '기원'을 뜻하는 오리지니origine를 붙여 만든 말로, '아주 오래전부터 살던 사람들'을 뜻한답니다. 이렇게 보면 애버리지니는 자신의 이름조차 없이 살아가는 가련한 사람들이라고 할 수 있죠.

참고로 애버리지니로부터 유럽으로 전해진 말에는 부메랑 boomerang이 있어요. 한 학설에 따르면 '던지는 막대기'를 가리키는 애버리지니의 말 우무랑womurrang이 영어로 들어가 만들어진 단어라네요. 하지만 오스트레일리아 원주민뿐만 아니라 고대 이집트인, 북미의 인디언, 인도 데칸 지방의 주민들, 유럽의 초기 민족들도 부메랑을 사냥 도구로 사용했다고 합니다. 아마도 부메랑은 전 세계인이 사용한 무기였나 봐요.

옛날 군인들의 식량이
비스킷이었다고?

• biscuit •

비스킷

비스킷의 어원 비스콕투스biscoctus는
'두 번 구운'이라는 뜻이에요. 냉장고가 없던 시절 군인들에게
앞뒤로 두 번 구워 오래 보존 가능한 비스킷은 중요한 식량이었답니다.

[한뼘 +] 새뮤얼 피프스 : 17세기 활동한 영국의 해군 행정관. 영국 왕립 해군의 기틀을 다진 인물이다.

알다시피 비스킷은 밀가루에다 지방, 우유, 버터, 달걀, 당분, 향료 등을 섞어 여러 모양의 틀에 구워 내는 바삭바삭한 과자를 말하지요. 요즘에는 수많은 사람들의 간식거리이지만 본래 장거리 여행자를 위한 식량이었어요. 군인들의 비상식량으로도 제공되었고요.

건乾빵 역시 비스킷의 일종이지요. 이는 비스킷biscuit의 어원에도 잘 드러나요. 라틴어 비스콕투스biscoctus에서 비스bis는 '두 번'이라는 뜻이고, 콕투스coctus는 '구운'이라는 뜻이에요. 이 둘을 합하면 '두 번 구운'이라는 뜻이 되죠. 이 비스콕투스가 고대 이탈리아어에서는 비스코토biscotto로, 고대 프랑스어에서는 베스퀴트bescuit로 되었다가 현대 영어에 들어가 비스킷이 되었어요.

그렇다면 왜 두 번 구운 과자를 비상식량으로 사용했을까요? 옛날 사람들에게는 식량 보존이 큰 걱정거리였어요. 오랜 기간 썩지 않게 보존해줄 식기나 냉장고가 없었기 때문이죠. 특히 서양인들의 주식인 빵은 2~3일만 지나면 부패하기 일쑤였어요. 사람들은 이 문제를 해결하기 위해 반죽을 납작하게 만들어 앞뒤로 두 번 구웠지요. 빵의 수분 함유량이 낮을수록 오래 보존할 수 있거든요.

중세 프랑스 사람들은 이렇게 처리한 빵을 '뺑 베스퀴트pain bescuit', 즉 '두 번 구운 빵'이라고 불렀어요. 그리고 14세기 베스퀴트가 영어로 들어가 비스킷이 되었을 때 '두 번 굽다.'는 의미는 사라지고, 오늘날처럼 '구워서 딱딱하거나 바삭바삭한 모든 것'을 지칭하는 말이 되었지요.

비스킷은 19세기 중반 통조림이 도입되기 전까지 세계 해군의 주요 식량이었어요. 16세기 말 에스파냐 선원들은 하루 1파운드의 비스킷과 1갤런의 맥주를 수당으로 받았다고 합니다. 17세기 영국 해군 장관을 역임한 새뮤얼 피프스가 처음으로 선상 식량 공급을 규격화할 때는 비스킷에 빅토리아 여왕의 문장紋章과 오븐의 숫자까지 찍었다고 하네요.

한편 미국에서는 비스킷을 쿠키라고 불러요. 쿠키cookie의 어원은 네덜란드어예요. 도넛에서도 나왔던 '케이크'라는 뜻의 중세 네덜란드어 코엑koek에서 '작은 케이크'라는 의미의 네덜란드어 코에퀘koekje가 나와 후에 영어 쿠키가 되었지요. 학자들은 영국 사람들이 네덜란드를 거쳐 미국 뉴욕에 정착하면서 이 단어가 만들어진 것 같다고 말해요. 아무래도 미국으로 이주한 영국인들은 자신들이 박해받았던 지역의 언어를 쓰고 싶지 않았나 봐요.*

---

* the Editors of American Heritage Dictionaries, *Word mysteries&histories*, Houghton Mifflin, 1986, p.50

영국인의 홍차 사랑은
산업 혁명에서 시작했다?

• tea •

차

산업 혁명 시절, 많은 노동자들은 지친 하루를
매일 술로 풀었어요. 이에 자본가와 정부가 술을 대신해
홍차를 마시도록 장려하면서 상류층만의 음료였던 홍차가 대중화되었답니다.

[한뼘 +] 산업 혁명 : 18세기 중엽 영국에서 기술 혁신으로 시작된 사회 및 경제 구조의 변혁.

‘홍차’ 하면 사람들은 가장 먼저 영국을 떠올리지요. 영국에서는 호텔에 가면 오후 4시에서 5시 사이에 ‘애프터눈티afternoon tea’를 시켜 홍차와 우유, 예쁜 과자들을 먹는 사람들을 많이 볼 수 있어요. 또한 영국은 ‘포트넘 앤 메이슨’ ‘요크셔 티’와 같은 수많은 홍차 회사가 있을 정도로 차 문화가 매우 발달한 나라입니다. 국민 대부분이 하루에 평균 일곱 잔의 홍차를 마신다고 하니, 차 사랑이 얼마나 대단한 나라인지 알 수 있겠지요?

하지만 유럽에서 가장 먼저 차를 받아들인 나라는 네덜란드였답니다. 그것도 일본을 통해서 말이죠. 17세기 네덜란드가 일본과 주로 무역을 했거든요. 얼마 지나지 않아 영국 동인도 회사가 중국 청나라의 광저우로부터 차를 수입하면서 본격적으로 유럽에 차 문화가 전파됩니다. 그래서 당시 영국에서는 중국의 광동어 차cha를 그대로 받아들여 티를 차cha라고 불렀다네요.

처음 유럽으로 전해진 차는 색이 투명하거나 연한 녹색에 가까웠어요. 차가 붉은 색이 된 계기는 우연이었답니다. 어느 날 더운 인도양을 통해 운반되던 찻잎이 햇볕 때문에 발효가 되었어요. 상인들은 찻잎이 너무 비싸 버릴 수도 없었죠. 그래서 이 찻잎을 다시 말려 붉은 홍차로 만들었어요. 그랬더니 의외로 사람들의 반응이 좋았다고 합니다. 이렇게 해서 18세기 말부터는 홍차가 더 많이 팔리게 되었죠.

당시 차는 가격이 비싸 상류층만의 음료였어요. 이런 차가 대중화된 계기는 ‘산업 혁명’이에요. 18세기 산업 혁명이 가장 먼저 일어난 영국은 세계에서 가장 부강한 나라였어요. 영국은 그 전부터 광대한 시장과

❖❖❖
'보스턴 차 사건'은 상인들의 권리를 찾기 위한 움직임으로 볼 수도 있지만 결정적인 미국 독립 혁명의 계기였다는 점에서 역사적으로 중요한 사건이지요.

풍부한 자본, 자원, 노동력을 가지고 있었습니다. 여기에 동력으로 발명한 증기 기관으로 대량 생산이 가능해지면서 어느 나라보다 앞서 산업 사회로 진입해 있었죠.

하지만 많은 농촌 사람들이 도시로 몰리면서 일자리가 귀해졌어요. 농촌 인구가 대량으로 도시에 유입되면서 자연스레 노동자들은 저임금 장시간 노동이라는 악조건에 시달리게 되었지요. 일에 지친 노동자들은 일이 끝나면 하루의 피로를 술로 풀었고, 점차 알코올 중독자로 변해 갔어요. 공장주와 자본가들은 당연히 이를 싫어했고요. 그래서 그들은 노동자들에게 알코올을 대체하는 음료로서 홍차를 적극 장려했습니다. 여기에 정부가 홍차세를 폐지하여 가격을 낮추자 홍차는 급속히 대중화될 수 있었지요.*

미국 독립 혁명의 결정적인 계기 역시 '차'랍니다. 영국이 미국의 차 무역을 금지하고 그 권리를 동인도 회사에 독점적으로 부여하자 1773년 12월 시민들이 동인도 회사 선박을 습격하여 싣고 있던 모든 차를 바다에 빠뜨려 버린 거예요. 이것이 바로 그 유명한 보스턴 차 사건이랍니다. 영국 정부는 이 사건을 빌미로 보스턴항 법안을 만들어 군대를 주둔시키고 손해 배상을 요구하는 등 식민지 탄압을 강화했어요. 하지만 시민들은 굴하지 않고 '혁명 정부'를 출범시켜 미국 독립 혁명을 준비했지요.

이처럼 '홍차'는 근현대사의 중심에 있었습니다. 침략의 역사, 산업 혁명의 역사, 독립 운동의 역사까지 차 한 잔에 깃들어 있었다니 참으로 놀라운 일이지요.

영국인들이 침략한 나라에는 차 밭이 만들어진다?

유명한 홍차 중 하나인 실론 티는 지명에서 유래했어요. 실론 Ceylon은 포르투갈, 네덜란드, 영국의 지배를 받다가 1948년에 독립한 스리랑카의 옛 이름이지요. 원래 이름은 '사자의 섬'이란 뜻의 산

---

* 와타히키 히로시 지음, 윤길순 옮김, 『질투하는 문명 1』, 자작나무, p.253

스크리트어 '신하라 뒤파sinhara-dwipa'랍니다. 이를 포르투갈 사람들은 '세일랑우Ceilao'라고 하고, 영국 사람들은 '실론Ceylon'이라고 한 거예요. 실론은 1972년 영국으로부터 완전히 독립하면서 헌법을 통해 스리랑카Sri Lanka로 국명을 바꾸지요. 즉 스리랑카가 영국의 식민지였던 시절, 영국인들이 스리랑카에 대규모로 차 밭을 가꾸면서 지금의 유명한 실론 티를 탄생시킨 것이랍니다.*

* 박영수, 『그 나라의 문화가 궁금하다』, 학민사, 2003, p.176

샴페인을
수도사가 개발했다고?
•champagne•
샴페인

샴페인을 개발한 사람은 프랑스의 수도사 피에르 페리뇽이랍니다.
옛날 서양에서는 교회 성직자들이 술을 제조하고 개발했지요.
오늘날 술을 못 먹게 하는 교회를 생각하면 정말 뜻밖이지 않나요?

[한뼘 +] 상파뉴 : 프랑스 동북부 지방. 지리적으로 유럽의 중심에 위치하여 과거 교역 및 전투의 중심지였다.

포도주의 나라 프랑스는 샴페인으로도 유명하지요. 사실 샴페인도 포도주의 일종이랍니다. 포도가 주재료이니까요.

샴페인champagne은 프랑스 지명이에요. 프랑스식으로 '샹파뉴champagne'라고 불리는 프랑스 동쪽에 위치한 지방이죠. 이 지방은 아르덴 지역을 제외하면 상당히 평평하기 때문에 사람들은 이곳을 '프랑스의 정원'이라고 불러요. 어원 역시 '넓은 평원'이라는 뜻의 라틴어 캄푸스campus랍니다. 대학 캠퍼스를 생각하면 이해가 잘 되지요? 이 단어에서 라틴어 캄파니아campania가, 그리고 샹파뉴가 파생됐어요. 샹파뉴에 사는 사람들은 다양한 포도를 심었습니다. 그리고 이 지방에서 나는 모든 포도주를 '샹파뉴'라고 불렀지요. 하지만 18세기 후반부터는 오늘날과 같은 특수한 포도주만 그렇게 부르고 있습니다.

그럼 샴페인의 역사에 대해서 자세히 알아볼까요? 다양한 학설이 존재하지만 가장 유명한 이야기만 살펴보기로 하지요. 샴페인을 개발한 사람은 프랑스 수도사 피에르 페리뇽이라고 전해져요. 이 수도사는 포도주 창고 관리뿐만 아니라 질 좋은 포도를 섞어 맛, 색, 향에서 단연 뛰어난 최고의 포도주를 만들고 싶었지요.

그러던 1668년 어느 날 뜻밖의 일이 벌어졌어요. 창고에 저장 중이던 포도주 한 병이 '펑' 소리와 함께 깨진 것이죠. 그리고 그 병에서 이상한 거품이 나왔어요. 호기심이 많은 그는 그 포도주를 조심스럽게 마셔 보았지요. 그리고 지금까지의 포도주와 전혀 다른 독특한 맛을 발견했죠. 이에 몹시 흥분한 그는 동료에게 "나는 별을 마시고 있다네!"라고 외쳤다네요.

페리뇽은 곧바로 그 맛을 복원하기 위해 연구를 시작했어요. 그리고 2차 발효 때문에 병이 깨지고 거품이 생겼다는 걸 알았지요. 하지만 당장 그러한 포도주를 만들 수는 없었어요. 고대 그리스 시대부터 사용된 찰흙 병마개로는 기포가 생기는 포도주를 만들 수 없었거든요. 하지만 페리뇽은 연구에 연구를 거듭하여 1694년 마침내 코르크 마개를 고안했어요. 그리고 철사로 그 마개를 조여서 오늘날과 같은 샴페인을 만들어 냈답니다.[*]

샴페인을 만들기 위해서는 1차 발효를 끝낸 포도주에 설탕을 첨가한 후 코르크 마개로 막고 철사를 단단히 조인 다음 창고에 보관해야 해요. 첨가한 설탕 시럽 때문에 병 속에서는 2차 발효가 일어나고 그로 인해 생긴 이산화탄소가 술에 녹아 발포성 술이 되지요. 이 때문에 샴페인을 딸 때 '펑' 소리와 함께 거품이 일어나는 것이랍니다. 사람들이 샴페인을 축하주로 많이 쓰는 이유는 바로 이 청각, 시각, 미각적 효과 때문이지요.

이처럼 서양에서는 교회 성직자들이 술을 제조하고 개발했답니다. 과거에는 술을 제조했던 교회가 오늘날에는 술을 못 먹게 하는 곳으로 바뀌었으니 정말 격세지감이 느껴지는 일이죠.

---

[*] R. & L. Brasch, *How did it begin?*, Mlf, 2006, pp.100~101

맛없기로 유명한 포도주가 어떻게 비싼 술이 되었을까?

샴페인이 그렇듯이 코냑도 프랑스 지명이에요. 한 가지 다른 점이 있다면 샴페인은 지방 이름이고, 코냑은 프랑스의 도시 이름이라는 것이죠. 코냑도 샴페인처럼 양주 이전에 포도주를 가리키던 말입니다. 그럼 프랑스 도시 코냑으로 떠나 볼까요?

코냑은 고대 로마 시대부터 포도 주산지였어요. 그래서 사람들은 16세기 말부터 이 지방에서 생산된 포도주를 '코냑'이라고 부르기 시작했죠. 그런데 코냑은 생과일 맛이 나는 순한 포도주였기 때문에 생산자들에게조차 인기가 없었어요. 결국 이 지방 사람들은 고민 끝에 포도주 맛을 잘 모르는 외국 사람들에게 이 포도주를 팔기로 결정했지요.

하지만 막상 팔려고 하니 운송 비용이 문제였어요. 이를 해결하기 위해 사람들은 포도주를 끓여 양을 대폭 줄이기로 했지요. 그런데 전혀 예상치 못한 결과가 나왔어요. 값싼 포도주가 맛있는 양주로 변한 거예요. 사람들이 '불타는 영혼, 포도주의 정수'라고 말할 정도로요.

코냑은 대개 수확한 이듬해 봄에 증류용 솥으로 두 번 증류하여 만들어져요. 증류 직후에는 무색이지만 리무주산 떡갈나무 통에 넣고 몇 년간 숙성시키면 화학 반응을 일으켜 향기롭고 진한 술이 되지요. 코냑의 품질은 보통 별의 개수로 나타내는데, 2~3년 된 코냑에는 별 한 개를 붙이고, 15년 이상 된 코냑에는 별 다섯 개를 붙이지요.

한국은 2013년 개인별 양주 소비량이 2.7병으로 전 세계에서 양주를 많이 소비하는 나라 중 하나예요. 그 주범은 맥주가 담긴 잔에 양주를 넣어 마시는 폭탄주라네요. 서양 술인 양주가 한국에서 많이 팔리는 이 기이한 현상을 우리는 어떻게 이해해야 할까요?

독일은 어떻게
'맥주' 강국이 되었을까?

· beer ·

맥주

독일은 맥주 시장의 70%를 차지하는 라거 맥주의 본고장입니다.

독일식 맥주 양조법이 세계를 주름잡고 있죠.

또한 맥주가 6000종이나 있다고 하니 과연 맥주 강국이라 할 수 있겠지요?

[한뼘 +] 옥토버페스트 : 독일 뮌헨에서 매년 9월 말부터 10월 초까지 열리는 맥주 축제. 세계 3대 축제 중 하나.

'맥주의 역사는 농사의 역사다.'라고 할 만큼 맥주의 역사는 오래됐어요. 종류 또한 참으로 다양하지요. 하지만 어원은 상당히 단순하답니다. '맥주'를 뜻하는 비어beer가 '마시다'라는 의미의 라틴어 동사 비베레bibere에서 나왔거든요. 이 단어에서 나온 '음료'를 뜻하는 라틴어 명사 비베르biber가 프랑스어에서는 비에르bière로, 영어에서는 비어로 되었지요.

그렇다면 인간은 언제부터 맥주를 마셨을까요? 맥주의 기원은 1만 년 전으로 추정돼요. 많은 민속학자들은 고대 사람들이 맥주를 '발명'한 것이 아니라 '발견'했다고 주장합니다. 어느 더운 날 우연히 빵 조각이 물에 빠지면서 발효를 일으켰는데, 그 물을 발견한 사람들이 맛을 보고는 그대로 만든 것이 맥주라고 말이에요. 기원전 2500년경의 이집트 부조에는 맥주의 제조 과정이 자세히 묘사되어 있습니다. 대영박물관에 있는 파피루스 문서에는 기원전 1300년경 이집트 사람들이 전문 기술자의 지도 아래 맥주를 대량 생산했다고 적혀 있어요.

이렇게 오랜 역사를 가진 맥주는 종교와도 매우 밀접한 관계를 맺고 있어요. 바빌로니아 점토판에는 기원전 6000년경 사람들이 맥주를 성스러운 목적으로 사용했다고 쓰여 있습니다. 기원전 4000년경 이집트의 신전 사람들이 열여섯 가지의 맥주를 만들었다는 기록도 있죠. 또한 람세스 3세는 신에게 46만 6303잔의 맥주를 바쳤다고 해요.*

맥주와 종교의 밀접한 관계는 중세 시대에도 계속되었어요. 중세 수

---

* 같은책, pp.97~98

❖❖❖
세계인이 사랑하는 축제, 옥토버페스트는 바이에른 왕국의 황태자 루드비히와 작센의 테레제 공주의 결혼식을 기념하는 축제에서 비롯되었다고 해요.

도사들은 샴페인, 포도주 외에도 다양한 유형의 맥주를 개발했답니다. 수도원은 이렇게 개발한 맥주를 팔아 운영 자금에 보탰고요. 특히 수도원은 마을에서 결혼식이 열릴 때면 높은 매출을 올렸다고 해요. 당시 신부가 하객들에게 술을 붓는 관습이 있었거든요. 사람들은 이것을 '신부의 맥주bride's ale'라고 불렀지요. 이것이 오늘날 브라이덜 샤워 bridal shower의 기원이랍니다. 참고로 에일ale은 상면上面 발효 방식으로 생산되는 맥주를 일컬어요.

맥주 제조 기술은 이렇게 이집트, 그리스, 로마, 중세 유럽을 거쳐 발전해 왔습니다. 하지만 오늘날 사람들은 '맥주' 하면 독일을 많이 떠올리지요. 그 이유는 우리에게 널리 알려진 맥주 라거Lager의 본고장이 독일이기 때문입니다. 대단한 어원을 기대했다면 좀 실망할지 모르겠지만, 라거는 독일어로 '창고'라는 뜻이에요.

6세기 이후 독일 수도원에서도 맥주를 만들었어요. 당시의 맥주는 대부분 상면 발효로 만들어졌지요. 그러다 15세기 독일 남동부 바이에른 지방에서 효모를 맥주 통 밑에 가라앉혀 발효시키는 하면下面 발효를 고안해 라거 맥주가 탄생한 거죠. 상면 발효 맥주는 20~25도의 상온에서 만들어져 무게감이 있고 개성이 강한 맛이지만, 하면 발효는 8~15도 저온에서 발효시켜 깔끔하고 청량감 있는 맛이 나요. 이렇게 저온에서 발효시키려면 맥주를 한동안 창고에 넣어 두어야 하기 때문에 하면 발효 맥주는 창고를 의미하는 '라거'로 불린 것이지요.

현재 독일에는 6000종이나 되는 맥주가 있다고 합니다. 전 세계인이 사랑하는 맥주 축제 옥토버페스트도 매년 열리는 나라고요. 독일은 명실상부한 맥주 강국인가 봅니다.*

---

* 재미있는 지리학회, 『세상에서 가장 재미있는 세계지도』, 북스토리, 2004, p.210

피크닉은 원래
농부들의 새참이었다?

• picnic •

소풍

근대 프랑스에서 야외 식사는 새로운 일이 아니었어요.
특히 농촌 사람들에게는 거의 일상이었지요. 하지만 자동차가 생기고
도시에 매연이 가득해지면서 이러한 좋은 관습이 사라져 버렸답니다.

[한뼘 +] 에두아르 마네 : 인상주의 화가. 부르주아들의 피크닉 모습을 담아낸 〈풀밭 위의 점심 식사〉로 유명하다.

학창 시절 하면 떠오르는 추억은 바로 소풍입니다. 딱딱한 학교생활을 벗어나 친구들과 마음껏 놀고, 맛있는 음식도 원없이 먹는 날이기 때문이지요. 소풍은 한자로 '逍風'이라고 쓰는데, 소逍는 '거닐다'라는 뜻이고, 풍風은 '바람' '바람을 쐬다.'라는 뜻이에요. 그러니 소풍은 '바람을 쐬며 거닐다.'라는 뜻이지요. 이렇게 보면 소풍은 참 시적이고 낭만적인 용어네요.

'소풍'에 해당하는 영어는 '피크닉 picnic'이에요. 온라인 어원사전에 의하면, 이 단어는 1748년 체스터필드 백작이 그의 아들에게 쓴 편지에 처음으로 등장한다고 해요. 어원은 프랑스어 피크니크 pique-nique입니다. '조금씩 먹다.'라는 의미의 동사 피케 piquer와 '가치 없는 것'이라는 의미의 니크 nique를 붙여 만든 말이지요. 영어 단어 피크닉은 피크니크를 소리 나는 대로 옮겨 적은 것이에요.

본래 피크닉은 몇몇 사람이 소량의 음식을 가지고 와서 함께 식사하는 것이었답니다. 프랑스 사전학자 에밀 리트레는 "초대한 집에 즐거움의 대가로 일정한 액수의 돈을 지불하거나 집에서 만든 음식을 가져가 함께 즐기는 식사"라고* 피크닉을 정의했죠. 이러한 관습은 모임 주관자가 경제적 부담을 덜고 참가자들은 자신이 가져온 음식으로 솜씨를 뽐내고 식탁을 꾸미는 즐거움까지 맛볼 수 있어서 오랫동안 유지되었답니다.

18세기 프랑스 철학자 장 자크 루소의 소설『고독한 산책자의 몽상』

---

* Claude Duneton, *La Puce à l'oreille : Anthologie des expressions populaires avec leur origine*, Nouv. éd. rev. et augm 1990, p.127

너무 못 그렸고, 평평하고, 무엇보다 사실적이다.
(에두아르 마네의 〈풀밭 위의 점심 식사〉에 쏟아진 혹평)

프랑스를 비롯한 서양 사람들은 야외에서 즐겁게 식사하는
소풍을 자주 즐겼답니다. 하지만 마네의 그림에서 보이듯이
그러한 유행 속에는 당대 부르주아들의 허영과 위선이 있었지요.

에도 그러한 모습이 여실히 나타나지요.

　　얼마 전에 풀키에 씨에게 이끌려 평소와는 달리 내 아내를 동반하고
그와 그의 친구 브누아와 같이 바카생 부인네 식당으로 각자 자기 식대
를 부담해서('피크닉' 형태로) 점심 식사를 하러 갔었다. 바카생 부인과
그녀의 두 딸이 우리와 함께 식사를 했었다.[*]

　　한편 초대받은 사람들은 소량의 음식을 가져와 함께 나눌 수 있다
면 집 안뿐만 아니라 야외 어디에서나 모였지요. 사실 당대 사람들에
게 야외 식사는 새로운 일이 아니었어요. 사람들은 날씨가 화창한 일
요일이면 새들이 지저귀는 낭만적인 분위기 속에서 풀밭 위에 천을
깔아 가져온 음식을 차리고 다 함께 먹으면서 즐거운 시간을 보냈거
든요. 특히 농촌 사람들에게는 거의 일상이었지요. 자동차가 생기기
전까지 말이에요. 여러분에게 소풍은 어떤 추억으로 남아 있나요?

---

[*]　장 자크 루소 지음, 조명애 옮김, 『고독한 산책자의 몽상』, 은행나무 2014, p.90

3.
몸으로 이야기하는
'건강'의 역사

병원은 원래
'치료 시설'이 아니었다?

•*hospital*•

병원

병원을 뜻하는 영어 단어 호스피털은 원래
'가난한 자를 받아들이고 먹여 주는 자선 시설'을 의미했어요.
그런데 '전문 치료 시설'도 아니었던 그때의 병원이 더 그리운 것은 왜일까요?

[한뼘 +] 호스피스 : 임종을 앞둔 사람들이 편안하게 죽음을 맞이할 수 있도록 도와주는 사람.

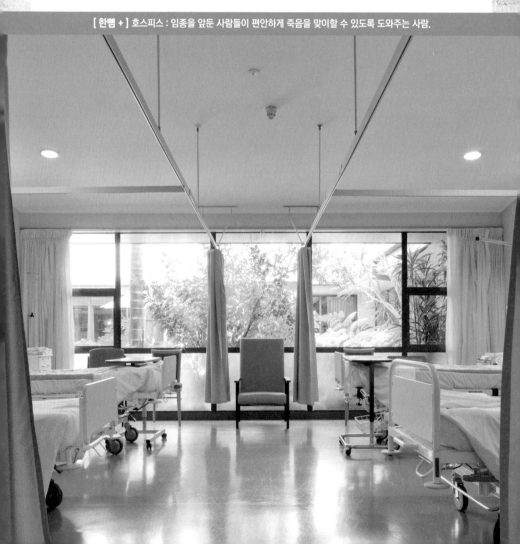

초등학생도 '병원'이 영어로 '호스피털hospital'이라는 것을 압니다. 그만큼 보편화된 외국어이죠. 최근에는 여기에 −ist를 붙인 '호스피털리스트hospitalist'라는 단어도 생겼어요. 호스피털리스트는 환자들에게 보다 나은 의료 서비스를 제공하기 위해 입원 환자 상담을 전문으로 하는 의사라고 하네요.

그렇다면 '호스피털'은 본래 어떤 의미였을까요? 이 단어의 어원은 라틴어 호스피탈레hospitale까지 거슬러 올라가는데 이 단어는 '숙소' '여관'을 가리키던 말이지요. 요즘에 많이 사용하는 게스트 하우스guest house도 이 호스피탈레의 일종이랍니다. 호스피탈레는 고대 프랑스어 오스피탈hospital을 거쳐 13세기 중반에 똑같은 형태로 영어에 들어갔어요. 그 뜻은 '가난한 자를 위한 숙소'였지요. 그리고 15세기 초반 호스피털은 '가난한 자를 받아들이고 먹여 주는 자선 시설'로 뜻이 변했습니다.

이때까지만 해도 호스피털은 '병든 사람을 위한 장소'가 아니었어요. 하지만 호스피털이 병원을 지칭하는 용어가 아니었을 뿐 병원은 존재했습니다. 그 역사는 2500년이 넘고요. 고대에는 신전이 병원의 역할을 대신했어요. 당시 이집트 사람들은 신전에 가서 전문 치료를 받았지요. 로마 제국은 기원전 100년경에 아픈 노예, 검투사, 병사를 위한 치료 시설을 따로 만들었고요. 325년에는 제1차 니케아 공의회의 결정에 따라 대성당이 있는 모든 도시에 병원이 설립됐죠. 중세에도 종교 시설에서 수도사와 수녀들이 치료를 했답니다. 프랑스에서는 호스피털을 '신의 숙소'라는 의미로 '오텔−디으hôtel-Dieu'라고도 부르

❖❖❖
1724년 런던에 설립된 첫 기부제 병원의 모습이에요. 이때부터 영어 단어 호스피털이 오늘날의 '병원'의 의미와 가까워진 것으로 보여요.

는데, 이는 종교와 의료의 연관성을 잘 보여 주는 예이죠.

요즘 자본주의 사회에서는 가난한 자를 위한 숙소였던 호스피털이 축재의 수단으로 전락했어요. 옛날 박애博愛를 표방했던 병원이 그리워지네요.

원래 의사는
'닥터'라고 부르면 안 된다?

•doctor•

의사

14세기 후반에 '닥터'는 최고 학위를 가진 사람만을 위한 호칭이었어요.
그러니 어원에 충실하면 본래 학부만 졸업한 의사를
닥터라고 부르면 안 된답니다.

[한뼘 +] 히포크라테스 : 고대 그리스의 의사. 의사의 자세와 윤리를 규정한 '히포크라테스 선서' 로 유명하다.

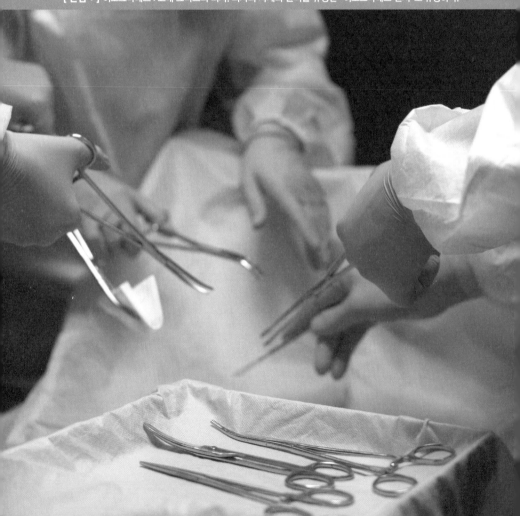

병원에서 일하는 의사를 영어로 '닥터'라고 해요. 놀랍게도 이 용어는 본래 의학과 전혀 관련 없는 단어였답니다. 교육 용어였죠. 닥터doctor의 어원은 '보여 주다.' '가르치다'라는 의미의 라틴어 동사 도세레docere예요. 라틴어 독토르doctor는 도세레의 어간 독트-doct-에 -오르-or를 붙인 것으로, 본래는 '가르치는 사람'을 가리켰어요. 이 단어가 중세 라틴어로 들어가 '종교를 가르치는 사람' '조언자' '학자'로 의미가 바뀐 거죠.

14세기 후반에는 대학에서 강의를 하려면 최고 학위를 받아야만 했는데 이 학위를 가진 사람을 '독토르'라고 했어요. 오늘날에는 대학 학위를 학사(bachelor), 석사(master), 박사(doctorate)로 나누고, 박사 학위가 있는 사람들만 '닥터'라고 부르고 있죠. 그런데 이상하지 않나요? 우리는 대부분 학사 혹은 석사 학위만 받았을 의사들도 '닥터'라고 부르니까요.

과거의 의학계에서는 의학을 가르치는 사람만 '닥터'라고 불렀습니다. 그러다 강의를 하지 않는 다른 의사들도 이 호칭을 사용하기 시작했죠. 이렇게 되자 대학에서는 의학을 가르치는 사람들을 '프로페서professor'라고 부르기로 했지요. 교수들의 호칭 문제는 이렇게 정리가 되었지만 다른 변화가 생겼어요. 단과 대학 졸업생들도 '닥터'라고 지칭하기 시작한 거예요. 그래서 오늘날 일반 대중들이 '닥터' 하면 의사를 떠올리게 된 거죠.

한편 '치과 의사'를 뜻하는 영어 단어 덴티스트dentist는 1759년에 프랑스어 당티스트dentiste에서 유래한 말이에요. 당티스트에서 당dent은

'이齒'를 의미하는 라틴어 덴스dens에서 온 말이고, -이스트-iste는 어미입니다. 다음은 1759년 9월 15일자《에든버러 신문》에 실린 덴티스트와 관련된 내용이에요.

> '덴티스트'는 이제 우리 신문들에 그것을 자주 등장시키고 프랑스를 마구 추어올리는 사람들을 위해서 잘하는 것 같습니다. 하지만 우리는 러터가 '이를 뽑는 사람tooth-drawer'이라고 불리는 데 만족해야 한다고 생각합니다.*

'이를 뽑는 사람'을 일컫는 '투스-드로워tooth-drawer'나 '투시스트 toothist'는 14세기 말부터 사용된 매우 오래된 단어예요. 그런데 1759년 이후부터 사람들이 이 오래된 단어 대신에 프랑스어 느낌이 풍기는 '덴티스트'라는 단어를 선호하기 시작했지요. 그 이유는 단지 이 단어가 우아하다는 것이었어요. 이것은 영어권 사람들이 프랑스어를 고급스럽게 생각한다는 걸 보여 주는 좋은 예에요.

그럼 이제부터 병원에 가면 '의학 박사'라는 명패가 있는지 한번 눈여겨보세요. 실제로 그 의사에게 석사 학위밖에 없을 수 있으니까요.

---

* the Editors of American Heritage Dictionaries, *Word mysteries&histories*, Houghton Mifflin,1986, p.62

모든 히스테리의 주범은
자궁이다?

·*Hysterie*·

히스테리

히스테리의 어원 히스테라 hystera는 '자궁'을 뜻해요. 고대 그리스 의사들은
여성이 감정적인 이유가 자궁 때문이라고 생각했거든요. 오늘날 과학이 발달하면서
이러한 오해는 없어졌지만 사회적 편견은 여전히 남아 있어서 안타깝네요.

[한뼘 +] 지그문트 프로이트 : 정신 분석학의 창시자. 꿈, 말실수 등을 주로 연구해 무의식의 존재를 주장했다.

'히스테리' 하면 우리는 흔히 '노처녀 히스테리'를 생각해요. 이 단어는 나이가 들고도 결혼을 하지 않은 여자가 내는 과도한 신경질적인 반응을 가리켜요. 그런데 이 '히스테리'라는 단어 속에는 여성에 대한 남성의 편견이 내포되어 있어요.

히스테리Hysterie의 어원은 '자궁'을 뜻하는 그리스어 히스테라hystera까지 거슬러 올라가요. 이 단어로부터 '자궁의' 또는 '자궁으로 고통을 받는'이라는 뜻의 그리스어 히스테리코스hysterikos가, 그리고 같은 뜻의 라틴어 히스테리쿠스hystericus가 나왔지요. 영어 히스테리는 이 히스테리쿠스에서 나온 단어예요. 이 단어는 17세기에 히스테릭 패션hysteric passion 등으로 변용되고, 18세기에 '발작'이라는 뜻의 히스테릭스hysterics라는 신조어까지 생겨날 정도로 빈번하게 사용되었죠.* 오늘날에도 '갑자기 흥분하는 상태'를 '히스테릭하다'라고 말할 정도로 많이 쓰이고 있고요.

그렇다면 여성의 자궁과 신경질적인 반응은 무슨 관계일까요? 정말 자궁 때문에 신경질적인 반응을 보이는 걸까요? 이러한 오해의 주범은 고대 그리스 의사들이에요. 그들은 여성에게만 있는 자궁 때문에 여성이 남성보다 감정적이라고 생각했죠. 심지어 일부 의사들은 여성의 난자가 방출되지 않으면 자궁 내에서 독성 물질로 변하기 때문에 여성들이 예민해진다고 주장했고요. 그래서 히스테리를 '과부병'이라고 부르기도 했답니다.

---

* Louis Heller&Alexander Humez, *The private lives of English words*, Law Book Co of Australasia, 1984, p.95

❖❖❖
프랑스의 신경병리학자 장 마르탱 샤르코 박사가 히스테리 여성 환자로 수업을 하는 장면이에요.
프로이트는 이 그림을 자신의 상담실 한 켠에 걸어 놓았다고 하네요.

철학자들의 생각도 크게 다르지 않았어요. 그리스의 철학자 플라톤은 대화편 『티마이오스』에서 여성의 자궁이 몸 안에서 돌아다니며 "통행을 방해하고 호흡을 가로막고 질병을 일으킨다."고 말했어요. 히스테리를 포함한 많은 여성 질환의 온상으로 자궁을 꼽은 것이죠. 이처럼 자궁은 객관적인 과학적 증거도 없이 고대 시대부터 2000년 이상 많은 비난을 받았답니다.

히스테리에 대한 오해는 의학이 발전한 19세기에도 별로 개선되지 않았어요. 1859년 미국의 한 내과 의사는 여성 중 4분의 1이 히스테리에 시달린다고 주장했으며, 1874년 미국의 한 신경과 의사는 히스테리 증상을 75쪽에 걸쳐 길게 나열해 놓고도 여전히 부족하다고 말했지요.

하지만 20세기 초에 들어서면서 히스테리로 진단받은 여성의 수가 급감했어요. 히스테리 이면에 있는 인간의 심리, 감정 등이 면밀히 연구되었거든요. 대표적으로 오스트리아 정신과 의사 지그문트 프로이트는 그 이전에 히스테리라고 불리던 증상들을 신경 불안 증세로 재분류했어요. 또 과학과 기술의 발달로 뇌파 기록이 가능해지면서 히스테리 발작과 간질 발작을 구분할 수 있게 되었죠.

이와 관련하여 또 다른 편견 하나를 소개하지요. 어떤 사람들은 우먼woman이 '자궁'을 의미하는 움womb과 '인간'을 의미하는 맨man을 붙여 만든 합성어라고 생각해요. 그러나 이것은 사실이 아니에요. 그저 '자궁'으로만 여성을 규정하려는 편견에서 비롯된 생각일 뿐이죠. 우먼은 '여자'를 의미하는 웝흐wīf와 '인간'을 의미하는 맨man을 합성해 만든 고대 영어 웝흐맨wīfman에서 온 말이랍니다.* 이처럼 단어 하나하나에도 참으로 많은 편견이 숨어 있답니다.

한국 사람들은 왜 항상 긴장 상태일까?

한국인의 스트레스는 세계에서 가장 높은 수준입니다. 2016년 글로벌 리서치 기업인 유니버섬에서 조사한 결과 한국의 직장인 행복 지수가 세계에서 제일 낮다고 나왔어요. 원인으로는 은퇴 후 경제

---

* Merriam-Webster, *Webster's word histories*, Merriam Webster U.S., 1990, p.510

력, 생활비, 직업 고민 등이라고 하네요. 이외에도 2015년 한국보건
사회연구원의 보고에 따르면, 청소년 및 아동 학업 스트레스 또한 세
계에서 최고라고 해요.

스트레스stress의 어원인 라틴어 스트린제레stringere는 '꽉 잡아당
기다.'라는 뜻입니다. 고무줄을 당기듯이 무언가를 꽉 잡아당기면
그것은 자연히 긴장 상태가 되지요. 그래서인지 라틴어 스트린제레
에서 파생한 중세 프랑스어 데스트레세destresse는 14세기 초에 영어
로 들어가 '고난' '역경' '압력' 등을 의미하게 됩니다. 15세기부터는
무게(weight)의 동의어처럼 쓰이기도 하고요. 단순히 신체가 물리
적으로 느끼는 무게뿐만 아니라 어떤 단어에 실리는 무게, 즉 강세
(accent)도 의미했지요.

우리가 영어 시간에 듣는 '스트레스'가 바로 이 후자의 의미지
요. 제1강세는 프라이머리 스트레스primary stress, 제2강세는 세컨
더리 스트레스secondary stress라고 해요. 영어의 강세는 단어마다 달
라서 우리에게는 참으로 어려운 부분이에요. 그리고 보면 우리는 영
어의 스트레스(강세) 때문에 스트레스를 참 많이 받는 사람들인 것
같네요.

오늘날 '스트레스' 하면 대부분의 사람들은 '정신적인 긴장이나
압박'을 떠올리지요. 그러나 스트레스가 심리학 용어로 사용된 것은
100년 정도밖에 되지 않았답니다. 그 이전 사람들도 스트레스를 받
았겠지만 그것을 정신 질환으로 여기지는 않았죠.

한편 오늘날 스트레스는 극심한 사회 문제로 떠오르고 있습니다.

정신과 의사들은 스트레스를 줄이기 위해서는 휴식과 공감, 칭찬과 운동을 하라고 권유하죠. 특히 명상이야말로 좋은 효과를 낸다고 해요. 그래도 스트레스가 사회 문제가 될 정도로 극심하다면 근본 원인을 해결하는 것이 급선무가 아닐까요?

신체 콤플렉스란
있을 수 없다?

————— •*complex*• —————

콤플렉스

프로이트와 융에 따르면, 콤플렉스는 '무의식 속에 내재된 억압'을 말해요.

하지만 오늘날 우리는 이 단어를 신체와 관련하여 쓰고 있습니다.

외양을 강조하는 사회 분위기 때문일까요?

[한뼘 +] 칼 구스타프 융 : 분석 심리학자. 무의식을 바라보는 시각을 다양화하며 '집단무의식' 개념을 주장했다.

누군가 여러분에게 '콤플렉스 있어?'라고 물으면 어떻게 대답할 건가요? '작은 눈' '목에 있는 큰 점' '굵은 다리' 등 신체와 관련된 대답이 먼저 나올 거예요. 그다음으로 정신적인 약점 등이 답으로 나올 수도 있겠지만, 보통은 많은 사람들이 신체적 약점을 콤플렉스로 꼽죠. 하지만 콤플렉스는 본래 신체와 관련해서 쓰인 단어가 아니랍니다. 그럼 콤플렉스의 여러 가지 뜻들을 살펴볼까요?

먼저 콤플렉스의 첫 번째 의미는 '복합 건물'이에요. 예를 들어 헬스장, 수영장, 볼링장 등 여러 가지 운동을 함께할 수 있도록 관련 시설을 모아둔 '스포츠 콤플렉스'처럼 말이죠. 그리고 '복잡한'이라는 뜻도 있어요. 예를 들어 '복잡한 문제 덩어리'라는 뜻으로 'a whole complex of issues'라는 표현이 자주 쓰이기도 하거든요. 마지막 뜻은 '정상이 아닌 정신 상태 또는 강박 관념'이에요. 스위스 정신 의학자 칼 구스타프 융은 콤플렉스를 "생각의 흐름을 방해하고, 당황하게 하거나, 화를 내게 만들거나, 심하면 가슴을 찔러 목매게 하는 어떤 것들"이라고 정의했어요. 융은 프로이트가 설명한 '무의식 속에 내재된 억압'을 콤플렉스라고 분류한 학자이죠. 그 덕분에 심리학계에서 콤플렉스가 본격적으로 연구되기 시작했습니다.

그렇다면 이 세 가지 의미의 공통점은 무엇일까요? 그것은 건물이든 의견이든 정신적 문제든 '복잡하게 얽혀' 있다는 것이에요. 콤플렉스complex의 어원은 라틴어 플렉테레plectere까지 거슬러 올라가요. '짜다' '엮다' '꼬다'를 뜻하는 단어지요. 여기에 '같이'라는 의미의 접두사 콤-com-이 붙어 '에워싸다' '포괄하다'를 뜻하는 콤플렉티complecti가 생

✧✧✧
앞에서 왼쪽이 지그문트 프로
이트, 오른쪽이 칼 융이에요.
사진에서도 보이듯이 두 사람
은 친밀한 관계였지만 후에 정
신 분석에 관한 견해 차이로 사
이가 틀어집니다.

겨난 거예요. 이 단어의 현재분사인 콤플렉수스complexus가 프랑스어 콤플렉스complexe를 거쳐 1652년에 영어로 들어갔지요. 1715년에는 '쉽게 분석되지 않는'이라는 의미로 쓰였고요. 그리고 1907년 융이 '억압된 생각들의 연결된 집합'이라는 의미로 처음 사용했답니다. 융은 "사람들은 자신에게 어떤 콤플렉스가 있는지 알고 있다. 그러나 콤플렉스가 그를 가지고 있음을 모른다."라는 말로 인간 심리의 복잡성을 요약한 바 있지요.

콤플렉스의 종류는 참으로 많아요. 아이가 부친에게 가지는 비정상적 애착인 '파더 콤플렉스', 어린아이가 착한 아이가 되기 위해 스스로 욕구를 억누르는 '착한 아이 콤플렉스'……. 이외에 자신이 남보다 못하거나 부족하다고 생각하는 '열등감'도 콤플렉스의 일종이지요. 여러분은 어떤 콤플렉스를 갖고 있나요?

제우스의 건강을
쥐락펴락하는 여신이 있었다고?

• stamina •

체력

스태미나의 어원은 '실'을 뜻하는 라틴어 스타멘stamen이에요.
그리스·로마 신화에 나오는 운명의 세 여신은 실로 사람의 운명을 정했다고 해요.
만약 이들이 병에 걸리도록 정하면 신들의 왕 제우스도 피할 수 없었다고 하네요.

[한뼘 +] 모이라이 : 운명의 세 여신을 일컫는 말. 많은 예술 작품에서 삶과 죽음의 알레고리로 등장한다.

현대인들은 체력에 대한 관심이 매우 높아요. 일주일에 한 번은 아침 뉴스에서 "스태미나에 좋은 음식"이라는 제목 아래 아스파라거스, 연어, 토마토를 추천하고 이것을 먹는 방법까지 자세히 소개할 정도지요.

체력에 해당하는 영어 단어는 스태미나stamina예요. 오늘날 사람들은 이 단어를 체력이라는 단어보다 더 많이 사용하지요. 그렇다면 스태미나의 어원은 무엇일까요? 바로 '실' '줄'을 뜻하는 라틴어 스타멘 stamen이에요. 스태미나는 이 명사의 복수형이지요. 뜻은 '실들'이 되겠죠. 서양에서 '실'은 인간 생명과 관련된 사물로 여겨져요. 그리스 로마 신화에서 인간 생명의 실을 잣는 클로토, 실의 길이를 정하는 라케시스, 그 실을 끊는 아트로포스라는 운명의 세 여신이 등장하는 덕분이죠.

클로토는 어떤 사람이 언제 태어나고 언제 죽을지 결정했다고 해요. 신화 속에서 탄탈로스(자신의 아들을 죽여 만든 음식으로 신에게 대접하다 영원한 고통을 받는 인물)가 죽인 펠롭스를 다시 살린 이도 클로토이죠. 라케시스는 막대기로 생명의 길이를 측정하고 아기가 태어난 지 3일 내에 운명을 결정짓는 여신이에요. 마지막으로 아트로포스는 '끔직한 가위'로 사람들의 실을 잘라 죽음에 이르게 하는 여신으로, '완고하고' '피할 수 없는' 인물로 알려져 있지요. 이처럼 그리스 신화에까지 인간의 생명을 결정하는 여신 이야기가 등장하는 것을 보면 서양인도 수명에 대해 큰 관심을 가졌던 모양이에요.

그런데 이 이야기를 하다 보니 갑자기 돌상 위에 실타래를 올리는 우리의 풍습이 생각나네요. 우리는 흔히 아기가 돌상에서 실타래를 집으면 장수한다고 말하잖아요? 그런 면에서 실은 동서양간의 공통적인 문화 인식을 엿볼 수 있는 흥미로운 사물이네요.

17세기 영어에서 스태미나는 '베틀' 혹은 '생명의 실'이라는 뜻으로 쓰였어요. 베틀은 직물을 짤 때 꼭 필요하지요. 그리고 '원기原基 또는 최초의 구성 요소들'이라는 의미로도 사용되었고요. '지구력' '힘'이라는 현대적 의미는 바로 이런 맥락에서 나온 거예요.

한편 라틴어 스타멘은 실과 비슷한 것들도 지칭하였어요. 예를 들어 1세기 로마 학자 플리니우스는 그의 책 『자연사』에서 꽃의 수술을 스타멘이라고 불렀답니다.* 아마도 형태가 유사하기 때문인 것 같아요. 그래서인지 영어로 스타멘은 17세기부터 '꽃의 수술'이라는 의미를 가지고 있답니다.

* 같은책, p.440

섹스는 원래
야한 의미가 아니라고?

·*sex*·

성

성경에서는 아담의 갈비뼈를 잘라 이브를 만들었다고 합니다.
그래서 섹스의 어원 세카레secare 역시 '자르다'라는 뜻이죠.
즉 본래 섹스는 오늘날처럼 야한 의미가 아니었답니다.

[한뼘 +] 젠더 : 섹스가 생물학적인 성이라면, 젠더는 역사적, 문화적, 사회적으로 구성된 정체성을 의미한다.

성서에 의하면 하나님은 흙으로 자신의 형상을 닮은 아담을 만들었다고 해요. 아담은 히브리어로 '인간 전체'를 뜻하지요. 얼마 지나지 않아 하나님은 아담이 너무 외로울 것 같아 그의 갈비뼈 하나를 '잘라' 이브를 만들어 주었어요. 이 이야기에 따르면 우리의 성별은 완전한 하나에서 나누어진 것이지요.

성별은 영어로 섹스sex라고 해요. 본래 섹스는 '자르다'라는 의미이지 '생물학적인 성' 혹은 '성교하다'라는 의미가 아니었답니다.* 섹스가 '자르다'라는 의미라니 이상한가요? 섹스의 어원은 '자르다' '나누다'라는 뜻의 라틴어 세카레secare까지 거슬러 올라가요. 이 동사에서 '남성이거나 여성인 상태'라는 뜻의 명사 섹수스sexus가 파생되었고 14세기 말 지금과 같은 형태로 영어에 들어갔지요. 이 단어는 16세기까지만 해도 '남성이거나 여성의 자질'을 가리켰답니다.

'섹스'와 관련해 한 가지 강조하고 싶은 것은, 이 단어가 '성교'를 의미한 지 불과 100년도 안 되었다는 사실이에요. '성 관계를 가지다.(to have sex.)'라는 표현은 1929년 영국의 소설가 겸 시인인 데이비드 로렌스의 시에 처음으로 등장했습니다. 당시 이 시는 너무 선정적이어서 사람들로부터 큰 주목을 받았어요. 그 영향으로 오늘날 우리는 '섹스' 하면 바로 '성교'를 연상하게 된 것이죠.

그렇다면 섹시sexy라는 말은 어떻게 생겼을까요? 이 단어는 형태상으로 매우 단순하게 만들어졌어요. 그저 20세기 초에 섹스sex에다 y를

---

* 리차드 아머 지음, 서현정 옮김, 『모든 것은 섹스로부터 시작되었다』, 시공사, 2001, pp.9~10

붙여 만들었거든요. 섹시는 원래 '성적인 문제에 큰 관심을 가진' 정도의 의미였어요. 지금처럼 '성적으로 매력적인'이라는 의미로 사용한 것은 1923년부터랍니다.

한편 오늘날 영어에서는 이슈, 아이디어, 프로젝트를 '섹시'하다고 해요. 섹시를 '흥미로운' '신나는' '도발적인'이라는 의미로 사용한 것이지요. 그럼 이와 같이 '성과 관련 없는(sex-free)' 새로운 섹시 개념은 어떻게 생겼을까요?

영국 사전 편찬자 조나선 그린은 저서 『은어 사전』에서 이러한 '섹시'의 사용법이 오스트레일리아에서부터 시작되었다고 주장합니다. 1950년대 오스트레일리아 사람들은 자동차, 오토바이, 엔진 등에 대해 긍정적으로 평가할 때 '섹시하다'는 표현을 즐겨 사용했다고 해요. 그리고 1960년대 《선데이 타임즈》의 탐사 보도팀 인사이트의 일원이었던 오스트리아 출신의 기자 브루스 페이지, 필립 나이틀리 등이 충격적이고 잔인한 사건을 보도할 때마다 '섹시'라는 단어를 쓰면서 성과 관련 없는 개념으로 사용되기 시작했죠.* 이제 왜 섹시라는 단어가 오늘날처럼 다양한 분야에서 사용되는지 알겠지요?

---

* John Morrish, *Frantic Semantics*, Pan Books, 2000, p.109

키스의 의미는 무궁무진하다?

키스의 기원은 언제일까요? 인류학자들의 의견은 분분하지만 키스가 오랜 역사를 가지는 것은 분명해요. 『창세기』에도 아버지인 이삭이 아들 야곱에게 "내게 키스해 주렴, 아들아."라고 말하지요. 또한 그리스 철학자이자 장군이었던 크세노폰의 기록에 따르면, 페르시아 사람들 역시 헤어질 때 입술 위에 키스하는 풍습을 가지고 있었다고 합니다.

영어 키스kiss는 '입술로 접촉하다.'라는 뜻의 고대 영어 키산cyssan에서 나왔어요. 그리고 오늘날과 달리 다양한 의미로 쓰였지요. 예를 들어 15세기 '키스 더 컵kiss the cup'은 '술을 마시다.'는 의미였고, 18세기 '키스 마이 아르스kiss my arse'는 매우 경멸적인 언사였어요. 19세기 '키스 더 더스트kiss the dust'는 '죽다'라는 의미였고요. 20세기에 들어와 '키스 (섬원) 오프kiss (someone) off'처럼 '해고하다' '제거하다'라는 의미로도 쓰였답니다. 여러분도 '키스'라는 단어로 새로운 표현을 만들어 보시죠?

고대 그리스에는
'레즈비언' 섬이 있었다?

lesbian

레즈비언

옛 그리스의 섬 레스보스에는 여류 시인 사포가 살았어요. 고대 비평가들은
그녀의 문학 작품과 당시의 그리스 풍습으로 미루어 보아
그녀가 동성애자가 아니었을까 추측한답니다.

[한뼘 +] 레스보스 섬 : 에게 해 북동부에 있는 그리스의 섬. 과거 에게 문명의 중심지이기도 했다.

국내외에서 동성애 관련 인식이 바뀌고 있어요. 미국과 캐나다, 호주, 덴마크, 벨기에, 네덜란드, 에스파냐 등이 동성 결혼을 합법화했지요. 미국 정신의학회는 1973년 동성애를 정신 질환에서 제외했고, 최근에는 영국 왕립 정신의학회 역시 "사회적 생활을 하는 데 동성애는 문제가 되지 않는다."고 판단했답니다. 한국에서도 동성애를 인정해야 한다는 목소리가 점점 커지고 있어요. 한 남자 연예인이 동성애자라고 '커밍아웃'하고, 일부 대학생들은 대자보를 통해 성 정체성 문제를 공론화하고 있지요.

그런데 이런 동성애가 원래 인정받는 것을 넘어 칭송받는 사랑 형태였다는 걸 알고 있나요? 우리가 잘 아는 소크라테스나 플라톤이 그 주인공이랍니다.

여기서는 '레즈비언'에 대해 알아볼게요. 여성 동성애자를 가리키는 레즈비언lesbian의 어원은 에게해 북동쪽에 위치한 그리스 섬 레스보스Lesbos예요. 이 단어에서 나온 '레스보스의'라는 뜻의 그리스어 레스비오스lesbios가 라틴어 레스비우스lesbius를 거쳐 16세기 말 영어로 들어가 지금의 레즈비언이 되었어요.

그렇다면 이 레스보스 섬에서 무슨 일이 있었을까요? 기원전 6세기 이 섬의 도시 미틸레네에 사포라는 여류 시인이 살고 있었어요. 당시 상류 계층 부인들은 동호회를 만들어 시를 짓고 암송하면서 여유롭게 시간을 보냈는데, 그녀 역시 이런 동호회를 이끌고, 제자들을 가르쳤지요. 그녀의 서정시는 높은 평가를 받았다고 해요. 특히 고대 비평가들은 그녀가 다루는 주제가 보편적이라고 칭송했지요. 사포가 당시

그 여자 오늘은 날지만 머지않아 남의 뒤를 따를걸
오늘은 선물을 받지만 머지않아 자신을 내줄걸
오늘은 사랑이 없지만 머지않아 사랑하게 될걸
(사포가 남긴 서정시의 일부)

고대 그리스에서 존경받는 학자 혹은 시인들은 젊은이들을 가르치며
그들과 사랑을 나누기도 했습니다. 그러니 많은 남성들을 물리치고
서정시의 대가로 꼽히는 사포 역시 수많은 제자들을 거느리며
그들과 깊은 감정 교류를 나누지 않았을까요?

사교계의 우정과 경쟁 등 사람들의 감정을 많이 다루었거든요. 그 중 한 시는 여인이 다른 여인에게 느끼는 사랑을 묘사하고 있지요. 단순한 호감을 넘어 성적인 정념에 이르는 사랑 말이에요.

이러한 시들을 통해 고대 비평가들은 사포 역시 동성애자라고 주장했어요. 시 동호회를 구성했던 여인들도 마찬가지고요. 사실 사포의 사생활에 대해서는 알려진 것이 거의 없어요. 그녀의 작품 또한 부분만 남아 있을 뿐이에요.*

하지만 당시 남성들이 주류였던 사회에서 여성들의 사랑을 노래했다는 점, 그리고 스승과 제자들이 대부분 사랑하는 관계였던 시대에 그녀 역시 제자들이 많았다는 점 등으로 미루어 사포 역시 그랬을 것이라고 추정할 뿐이죠.

한편 자신이 동성애자임을 밝히는 것을 커밍아웃coming out이라고 하지요. 사실 이 단어는 '커밍 아웃 오브 더 클로짓coming out of the closet'을 줄인 말이에요. 클로짓closet은 '닫힌 장소' '개인적인 방'을 뜻해요. 따라서 '닫힌 장소에서 나오는 것'을 가리키는 말이지요. 이 말은 1963년부터 '뭔가를 공개적으로 인정함'이라는 비유적인 의미로, 1970년대에는 주로 동성애와 관련해 사용되었어요.

동성애 문제는 앞으로 계속 주목받을 것 같아요. 우리는 이런 문제에 직면할 때마다 자신의 입장이 무엇이든 다르다는 이유로 무조건 비난하는 것은 삼가야 할 것 같아요.

---

* Merriam-Webster, *Webster's word histories*, Merriam Webster U.S 1990, p.273

동성애가 가장 고결한 사랑이라고?

고대 그리스 시대는 동성애로 유명해요. 우리에게 널리 알려진 소크라테스는 '소년을 향한 뜨거운 사랑이 세상에서 가장 순수한 아름다움'이라고 말하기까지 했지요. 플라톤 역시 "남자가 여자와 자면 육체를 낳지만 남자와 남자가 자면 마음의 생명을 낳는다."라는 말로 동성애를 예찬했어요. 그만큼 당시 동성애는 이성애보다 높은 평가를 받았답니다. 남성이 주류인 그리스 사회는 육체적 쾌락보다 철학적 논의에서 비롯되는 정신적 동질감을 더 높이 샀기 때문이에요. 그러니 매일 진리를 토론하던 같은 성별의 동료 혹은 제자와 감정을 나누는 일이 자연스러운 것이었죠.

한편 남자 동성애자를 가리키는 게이gay가 14세기 '행복하게 흥분한' '즐거운'을 의미하는 중세 프랑스어 게gai로부터 나왔다고 합니다. 그 단어가 17세기에 들어와서는 '거리낌 없는 방종' '향락에 빠진'이라는 부정적인 의미로 사용되기 시작했죠. 1703년 영국의 극작가 니콜라스 로는 자신의 연극 〈아름다운 회개〉에 나오는 등장인물 로타리오를 게이 로타리오Gay Lothario라고 불렀는데, 이 로타리오는 나쁜 길로 이끄는 인물의 대명사였지요.

게이가 '동성애의'라는 의미로 쓰이기 시작한 것은 1950년대부터예요. 미국 사회학자 코리는 저서 『미국의 동성애』에서 이 문제를 자세히 다루었지요. 이 단어는 1950년대부터 명사로도 사용되었어요. 1953년 《트루 크라임》 5월호는 "그 도시는 게이들을 단속하기로 결정했다.(The city decided to crack down on the gays.)"라고 기록하고 있죠. 긍정적인 의미였던 한 단어가 이렇게 극단적으로 바뀔 수 있다니, 참으로 흥미롭지 않나요?

담배가 만병통치약이던
시절이 있었다?
• nicotine •

니코틴

16세기에 담배는 현기증, 천식, 궤양 등
거의 모든 질병을 다스리는 약으로 쓰였다고 해요. 카트린 드 메디치 또한
자신의 두통 때문에 담배를 달고 살았다네요.

【 한뼘 + 】 니코틴 : 식물의 대사 물질인 알칼로이드 중 하나. 주로 담뱃잎에 함유되어 있으며 각성 효과가 있다.

니코틴nicotine은 담뱃잎에 포함된 유독성 알칼로이드 물질로 말초 신경을 자극해요. 이 단어의 어원은 프랑스어 니코틴nicotine이죠. 흥미롭게도 이 단어는 사람 이름에서 유래했답니다.

주인공은 프랑스 문헌학자이자 외교관이었던 장 니코Jean Nicot예요. 니코는 1530년 프랑스 남부 도시 님에서 태어나 파리에서 1559년까지 왕립 자료보관소 직원으로 일했어요. 그리고 1559년 다섯 살 난 포르투갈의 '젊은 왕' 세바스티앙과 여섯 살이 된 프랑스 공주 딸 마르그리트 드 발루아(실제 결혼은 앙리 4세와 하여 나바르 공비가 된다.)의 결혼 문제를 논의하라는 앙리 2세의 명령을 받고 포르투갈로 떠나 2년 동안 주 포르투갈 프랑스 대사로 일했지요.

니코가 일했던 시기의 포르투갈은 1480년대부터 신항로를 개척하면서 '황금기'를 누리고 있었어요. 해양 교역을 적극 장려하는 나라였기에 수도 리스본에는 전 세계를 누비는 선원들이 몰려들었지요. 1560년 그는 북아메리카에서 온 포르투갈 선원으로부터 플로리다산 담배와 씨앗을 선물로 받았어요. 그리고 이 담배 씨앗을 대사관 정원에 심고 정성껏 가꾸었지요. 그러던 어느 날 니코는 신기한 광경을 목격했습니다. 대사관에서 일하는 한 요리사가 칼에 베이자 사람들이 담뱃잎으로 응급 처치를 해준 거예요. 효과는 즉시 나타났죠. 니코는 매우 궁금하여 요리사에게 물었어요. 그리고 그 식물이 두통, 치통, 현기증, 천식, 궤양 등 거의 모든 질병에 효과가 있다는 이야기를 듣게 되죠.

니코는 이 놀라운 식물을 앙리 2세의 부인인 카트린 드 메디치에게

진상했어요. 카트린 드 메디치는 이 담배를 매우 좋아했다고 해요. 이 일로 니코를 파리 동쪽에 위치한 작은 빌멩의 영주로 봉할 정도였죠. 니코는 1573년에 출판한 『프랑스어 보고』에서 이 식물을 니코티안 nicotiane이라고 소개했어요.* 하지만 사람들은 여전히 담배를 '니코의 식물' 또는 '여왕의 식물'이라고 불렀답니다.

담뱃잎에 포함된 이 물질을 '니코틴'이라 명명한 사람은 스웨덴 식물 학자 카를 폰 린네예요. 1753년 그는 이 성분에 붙일 이름을 찾다가 담배를 유럽에 처음 소개한 니코를 떠올렸지요. 니코에 -인-ine을 붙인 이유는 알칼로이드 성분에 어미 '인'을 붙이는 이 분야의 관행 때문이었어요. 모르핀morphine과 카페인caffeine도 같은 관행으로 만들어진 단어랍니다. '모르핀'은 수면睡眠과 관련 있는 로마의 신 모르페우스 Morpheus에 인을 붙인 말이고, 카페인은 카페café에 인을 붙여 만든 말이지요. 이렇게 니코는 린네 덕분에 자신의 이름을 오늘날까지 알리게 되었답니다.

이렇게 서양에서는 발견 혹은 발명한 사람의 이름을 사물이나 사건에 붙여 오래 기억하는 아름다운 전통이 있어요. 우리도 이러한 전통을 본받아 우리의 아름다운 것을 오랫동안 보존해 보는 것은 어떨까요?

---

* Daniel Brandy, *Motamorphoses*, Points Gôtu des Mots, 2006, pp.291~292

담배를 세는 단위가 담배의 포장지를 의미했다고?

담배 가게에 가서 담배를 살 때 "아저씨, 담배 한 보루 주세요."라고 하면 담배 열 갑이 포장된 것을 줘요. 여기서 '보루'는 본래 판지나 마분지를 가리키는 영어 '보드board'예요. 한국에 들어온 초창기 외국산 담배들은 열 갑씩 딱딱한 마분지로 포장되어 있었거든요. 이 '보드'가 '보루'로 바뀐 것은 일본 사람들 때문이지요. 일본 사람들이 '보드'를 '보루'라고 발음하는 것을 한국 사람들이 그대로 따라 한 것이랍니다.

선원들의 사망 원인 1위는
'비타민C 부족'이었다?

•*vitamin*•

비타민

음식 보존이 쉽지 않았던 시절, 선원들은 오랜 항해로 비타민 C가 부족해
괴혈병에 많이 걸렸어요. 한 함대는 괴혈병으로 한 달 만에
마흔세 명의 선원이 사망하기도 했답니다.

[한뼘 +] 괴혈병 : 비타민 C가 부족해서 생기는 질환. 피로, 식욕 부진, 출혈, 혈뇨 현상이 생긴다.

건강에 대한 한국인의 관심은 폭발적이죠. 한국 성인 열 명 중 네 명은 영양제를 먹고 있고, 건강기능식품의 시장 규모는 2조 3000억 원(2015년 기준)에 이른다고 해요. 그래서 혹자는 우리가 건강 기능식품을 과잉으로 섭취한다고 주장하기도 하죠.

사실 건강에 대한 관심은 오래전부터 있어 왔습니다. 옛사람들도 병에 걸리지 않으려면 어떤 음식을 먹어야 하는지 일찍부터 알고 있었죠. 예를 들어 고대 이집트 사람들은 짐승의 간을 꾸준히 먹으면서 야맹증을 예방했다고 해요.

하지만 과학과 기술이 발달한 근대에는 달랐어요. 유럽 각국이 앞다투어 신항로를 개척하면서 항해술은 비약적으로 발달했지만, 대부분 국가의 음식 보존 기술 수준은 낮았거든요. 그래서 오랜 항해가 시작되면 선원들은 신선한 야채와 과일을 먹지 못해 각종 질병에 시달렸지요. 특히 음식으로만 섭취할 수 있는 비타민C가 부족해서 괴혈병에 걸리는 사람들이 많았어요. 1741년 르 메르 해협을 지나던 센추리언 함대에서는 괴혈병으로 한 달 안에 마흔세 명의 선원이 사망했답니다.

이처럼 비타민은 소량으로 신체 기능을 조절하고 부족하면 사망에 이르게 한다는 점에서 호르몬과 비슷하지만, 대부분 체내에서 합성되지 않기 때문에 따로 섭취해야 하죠. 신기하게도 어떤 동물에게는 비타민인 물질이 다른 동물에게는 호르몬이 될 수 있답니다. 예를 들어 비타민 C가 사람에게는 비타민이지만, 토끼나 쥐에게는 몸속에서 스스로 합성되는 호르몬이에요.

그렇다면 비타민vitamin이라는 단어는 어떻게 만들어진 걸까요? 이 단어는 폴란드 화학자 캐시미어 풍크가 1912년 '생명'이라는 뜻의 라틴어 비타vita와 아민amine을 붙여 만들었습니다. 아민을 붙인 이유는 비타민 속에 아미노산이 포함되어 있다고 여겼기 때문이죠. 이후 과학자들이 비타민에 아미노산이 없는 것을 확인하고, 1920년에 이 단어에서 마지막 철자 e를 제거해 지금의 비타민이 되었답니다.

여러분에게는 어떤 비타민이 필요한가요? 한 의사의 말에 따르면, 보통 성인에게 권장하는 비타민은 종합 비타민 한 알이라고 합니다. 알약 한 개로 충분하다는 의미지요. 여러분은 비타민을 과잉섭취하고 있지는 않나요?

사춘기 아이를 혼내면 안 되는 이유는?

호르몬hormone은 신체의 내분비기관에서 생성되는 화학 물질을 말해요. 이론상으로 모든 생물에게는 생식과 성장을 위한 호르몬이 필요하고 이를 체내에서 생산하지요. 이 단어는 영국 생리학자 어니스트 스타링이 1905년 그리스어 호르몬hormon을 활용해 만들었어요. 그리스어 호르몬은 '움직이게 하는 것'이라는 의미예요. 말 그대로 호르몬이 혈관을 통해 여러 기관 속을 다니면서 신체를 '움직이게' 한다는 거죠. 물질대사와 생식 과정 그리고 세포의 증식에도 직접 관여하고요.

호르몬은 사춘기와도 관련이 있습니다. 사람은 신체가 어느 선까지 발달하면 신체 내부에서 분비된 특정한 호르몬, 테스토스테론과 에스트로겐이 작동해 '사춘기'에 접어들어요. 테스토스테론은 남자 청소년의 2차 성징에 큰 영향을 끼치고, 에스트로겐은 여자 청소년의 2차 성징에 중요한 역할을 담당한답니다. 여자가 남자보다 조금 빠르지만 대개 만 12세와 15세 사이에 사춘기가 찾아오지요.

이렇게 보면 청소년의 사춘기는 극히 자연스러운 것이에요. 따라서 청소년들은 자신의 변화를 자연스럽게 받아들이고 부모님을 비롯한 가까운 사람과 가능한 많은 대화를 나누세요. 어른들 또한 사춘기에 접어든 청소년을 무작정 혼내기만 하면 안 되겠죠?

4.
취미로 즐기는
'예술'의 역사

예술가들은
왜 뮤즈를 고집할까?

· *music* ·

음악

예술가들은 항상 뮤즈를 찾아요. 고대 그리스 시대부터 시와 노래의 여신인
뮤즈로부터 영감을 받아야 작품을 창작할 수 있다고 믿었거든요. 영어 단어 뮤직 역시
'여신들의 예술'을 뜻하는 그리스어 무시케 테크네mousikē techne에서 나왔지요.

[한뼘 +] 고전파 : 소나타와 교향곡 형식을 확립한 음악가들. 대표적으로 하이든, 모차르트, 베토벤이 있다.

우리는 환상적인 연주를 들으면 '작곡가가 신으로부터 영감을 받은 게 아닐까?'라고 생각하지요. 이런 생각은 결코 틀린 게 아니에요. 고대 그리스 사람들은 신으로부터 영감을 받아야 예술 작품을 창작할 수 있다고 믿었거든요. 바로 시와 노래의 여신인 뮤즈Muse로부터 말이에요. 그리스 신화에 의하면, 뮤즈는 제우스와 므네모시네의 딸들이라고 해요. 뮤즈는 본래 세 명이었지만, 그 수가 점차 늘어나 아홉 명이 되면서 노래뿐만 아니라 시, 회화 등 다양한 부문에 영감을 불어넣는 존재가 되었지요.

이러한 설명은 영어 단어 뮤직music의 어원과도 일치해요. 음악, 회화 등을 포함하는 '여신들의 예술'을 그리스어로 무시케 테크네mousikē techne라고 하였는데, 이 무시케mousikē가 라틴어로 들어가 무지카musica로, 그리고 고대 프랑스어로 들어가 뮈지크musique가 되었지요. 마침내 영어로 들어가 뮤직music이 되었고요. 다시 말하면 뮤직은 형태상으로 '여신'을 뜻하는 뮤즈에서 나왔고, 의미상으로 '여신의 모든 예술'을 가리키다가 지금처럼 음악만을 가리키는 용어가 된 것이죠. '박물관'을 뜻하는 영어 단어, 뮤지엄museum 역시 뮤즈에서 파생했어요.

음악에는 멜로디, 리듬, 화성이라는 3요소가 있다고 하지요. 하지만 중요한 요소가 하나 더 있답니다. 바로 화음和音이에요. 화음은 높이가 다른 둘 이상의 음이 함께 울릴 때 어울리는 소리를 말해요. 둘 이상의 음이 조화를 이루지 못하면 글자 그대로 불협화음不協和音이 되지요.

음악에서 화음을 중시한다는 것은 교향곡을 뜻하는 심포니symphony나 음악회를 의미하는 콘서트concert라는 단어로도 알 수 있어요. 심

❖❖❖
고전파 음악에 큰 영향을 끼친 하이든, 모차르트, 베토벤은 주로 오스트리아 빈에 살았다고 하여
빈 고전파 3인방이라고도 불려요.

포니의 어원이 '함께 소리를 냄'이라는 의미의 그리스어 심포니아
symphonia거든요. 여기서 심-sym-은 '함께'라는 의미이고, 포니아phonia
는 '울림'이라는 뜻이랍니다. 이 그리스어는 라틴어와 고대 프랑스어
를 거쳐 13세기에 영어로 들어갔어요. 본래 조화로운 음조(음의 높낮이
와 길이)를 지칭하던 말이었지만 17세기부터 성악곡 사이에 연주되는
'악기의 악절(음악 형식에 있어서 정리된 하나의 단위, 큰 악절은 악곡의 완결성
을 지닌 최소 단위)'을 지칭하였지요. 독일 태생 영국 작곡가 헨델의 악극
〈메시아〉에 나오는 〈전원 교향곡〉 역시 간주곡이었답니다.

18세기부터 심포니는 관현악단이 연주하는 큰 규모의 기악곡을 뜻
하는 단어가 되었어요. 흔히 '교향곡의 아버지'라고 불리는 오스트리
아 작곡가 하이든은 100여 곡이 넘는 교향곡을 작곡하여 음악 발전에

공헌했지요. 하이든으로부터 큰 영향을 받은 모차르트는 교향곡을 높은 수준으로 끌어올렸고, 베토벤의 〈합창 교향곡〉과 〈운명 교향곡〉은 지금까지도 많은 사람들에게 감동을 불러일으키고 있죠.

　콘서트라는 말은 이탈리아어 콘체르토concerto에서 온 말이에요. 오늘날 '협주곡'을 뜻하는 콘체르토는 관현악단이 악기 독주자와 함께 연주하는 음악 형식을 일컫는 말로 '합의에 이르다.'라는 뜻의 콘체르타레concertare에서 왔답니다. 합주나 협주는 연주자들 간의 합의가 없으면 불가능하지요. 이제 왜 음악회를 '콘서트'라고 하는지 알겠지요?

오늘날의 대표 결혼 행진곡을
처음 사용한 부부는?

•wedding march•

결혼 행진곡

대부분의 결혼식에서는 바그너의 〈혼례의 합창〉과 멘델스존의 〈결혼 행진곡〉이
울립니다. 영국 빅토리아 공주와 후에 독일 황제가 되는
프리드리히 윌리엄의 결혼식에서 연주된 것이 그 시작이죠.

[한뼘 +] 〈로엔그린〉: 마지막 독일 낭만주의 오페라. 3막 〈혼례의 합창〉이 오늘날 결혼 행진곡으로 쓰인다.

결혼식을 준비하는 사람들은 흔히 "웨딩 마치를 올린다."고 들 많이 말해요. 결혼 행진곡 '웨딩 마치wedding march'를 결혼식의 의미로 쓴 것이죠.

결혼식에서 가장 중요한 부분은 결혼식의 꽃인 신부가 입장할 때와 결혼식이 끝나고 부케를 든 신부가 신랑의 손을 잡고 퇴장할 때입니다. 그래서 이때 결혼식장에 울릴 음악도 매우 중요하죠. 신부가 입장할 때 대개는 바그너가 1848년에 발표한 오페라 〈로엔그린〉에 수록된 〈혼례의 합창〉을 연주해요. 이 곡이 중간 빠르기로서 신부의 걸음걸이에 적합하기 때문이죠. 신부가 퇴장할 때는 멘델스존이 1843년에 완성한 극악 〈한여름 밤의 꿈〉의 삽입곡인 〈결혼 행진곡〉을 연주하고요. 이 곡은 경쾌하고 빨라서 신랑 신부의 새로운 출발에 적합하거든요. 그러니 이 두 음악이야말로 진정한 웨딩 마치라고 할 수 있죠. 그렇다면 결혼 행진곡은 언제부터 쓰였을까요?

이 두 곡은 1858년 영국 빅토리아 여왕의 딸 빅토리아 공주와 독일의 프리드리히 윌리엄(후에 독일 황제 프리드리히 3세)의 결혼식에서 처음으로 연주되었어요. 두 곡 모두 빅토리아 공주가 골랐다고 해요. 예술의 후원자이기도 했던 그녀는 멘델스존과 바그너의 곡을 높이 평가할 뿐만 아니라 거의 숭배했다고 전해지죠. 그리고 그녀의 결혼식 이후 영국 국민들이 앞다투어 이 두 곡을 결혼 행진곡으로 사용하면서 오늘날까지 그대로 이어지게 되었답니다.

그렇다면 '웨딩 케이크wedding cake'는 언제부터 생겼을까요? 요즘에는 신랑 신부가 웨딩 케이크를 자르고 하객들과 나누어 먹지만, 고대

1858년 1월 25일 영국 빅토리아 여왕의 첫째 딸 빅토리아 공주는
후에 독일 황제가 되는 프리드리히 윌리엄과 결혼했습니다.
결혼식은 영국 런던 세인트 제임스 궁전에서
매우 화려하게 열렸으며, 이후 유럽 결혼 문화에 많은 영향을 끼쳤지요.

시대에는 그렇지 않았어요. 당시에는 하객들이 신부의 다산과 풍요를 기원하는 의미로 밀을 뿌리면 미혼 친구들이 자신도 시집가기를 희망하면서 땅에 떨어진 밀을 주웠지요. 마치 오늘날 결혼을 앞둔 신부 친구가 부케를 받는 것처럼요. 이런 밀을 케이크로 바꾼 사람은 고대 로마 시대의 제빵업자들이라고 해요. 그러나 신부에게 밀을 던지는 재미를 포기하고 싶지 않았던 하객들은 케이크를 던지기도 했다네요.

우리에게도 결혼식 폐백에서 신부의 치마폭에 밤과 대추를 던지는 풍습이 있어요. 밤과 대추를 던지는 것은 부와 자손의 번창을 기원하는 의미랍니다. 대추는 양기를 지니고 있어 아들을 상징하고, 밤은 음기를 지니고 있어 딸을 상징하죠. 서양에서 밀을 던지는 풍습과 동양에서 밤과 대추를 던지는 풍습이 형태는 달라도 그 의미는 같다고 할 수 있겠네요.

부케는 신부를 악령으로부터
보호해 주는 숲이다?

결혼식의 마지막 장면은 신부가 던진 꽃다발을 친구가 받는 것이에요. 일종의 '바톤 터치baton touch(올바른 영어 표현은 baton pass)'로, 친구 역시 자신처럼 행복한 결혼식을 올리길 바라는 마음이 담긴 의식이지요.

결혼식 날 신부의 꽃다발을 뜻하는 영어 단어 부케bouquet는 '숲'을 뜻하는 게르만어 보스크bosc에서 파생되었어요. 그리고 고대 프랑스어로 넘어가 수풀을 뜻하는 보스케bosquet가 되었지요. 그러던 것이 18세기 초 영국 작가 겸 시인 메리 몬터규에 의해서 영어 부케로 쓰이게 되었지요.

기원전 4세기에는 신부가 머리에 꽃과 풀로 장식된 화관을 썼어요. 꽃과 풀의 향기가 모든 악령으로부터 신부를 보호한다고 믿었기 때문이죠. 반면 그리스 신부는 영원한 사랑을 약속하는 의미로 담쟁이덩굴을, 로마의 신부들은 순종의 의미로 풀을 손에 들었다고 해요. 이처럼 부케가 오늘날에는 신부의 아름다움을 완성시켜 주는 단순한 소품으로 여겨지지만, 고대에는 상징적인 역할을 했답니다.

캐럴이 원래 '노래'가 아니라
'춤'을 의미했다고?

•*carol*•

캐럴

카롤carole은 14세기 고대 프랑스어에서 '춤의 종류'를 가리켰어요. 16세기 초 철자 e가 없어지고 지금의 캐럴이 되면서 '성탄절 찬송가'를 뜻하기 시작했죠. 성탄절만큼 즐거운 날에는 절로 춤이 나와 이런 의미 변화가 일어난 게 아닐까요?

[한뼘 +] 징글벨 : 미국에서 추수감사절에 만든 노래. 아이들이 성탄절에도 즐겨 부르면서 캐럴이 되었다.

여러분은 '성탄절' 하면 무엇이 떠오르나요? '선물' '트리' '눈' 등 많은 것이 떠오르지만 그중에서도 캐럴을 빼놓을 수 없겠죠. 12월 25일을 전후해 거리 여기저기에서 들려오는 캐럴 중에서 〈징글벨Jingle Bells〉 같은 노래는 우리를 들뜨게 만들지만, 반대로 〈고요한 밤 거룩한 밤Silent night, Holy night〉 같은 노래는 차분하게 만들지요. 참고로 징글벨에서 징글jingle은 '딸랑딸랑'에 해당하는 의성어예요. 그렇다면 캐럴은 어떤 악기와 관련이 있지 않을까요?

캐럴carol은 악기 '플루트'와 관련이 있어요. 어원이 '춤'이라는 뜻의 코로스choros와 '플루트'라는 뜻의 아울로스aulos를 합쳐 만든 그리스어 코라울레스choraules거든요. 이 단어는 '합창단의 춤에 맞춰 연주하는 플루트 연주자'를 뜻하는 말이었죠. 이 단어가 중세 라틴어에서는 '플루트에 맞춰 추는 춤'을 뜻하는 코라울라choraula로, 14세기 고대 프랑스어에서는 '춤의 종류'를 가리키는 카롤carole이 되었어요. 지금처럼 '성탄절 찬송가'를 뜻하기 시작한 것은 16세기 초부터죠. 즉 캐럴은 본래 노래가 아니라 춤과 관련이 있었던 단어예요.

성탄절에 많이 들을 수 있는 〈고요한 밤 거룩한 밤〉은 우연히 생긴 노래예요. 1818년 크리스마스 전날, 오스트리아 오베른도르프 성 니콜라스 성당 보좌 신부 요제프 모르는 크리스마스 자정 미사를 준비하기 위해 성당 내부를 살펴보고 있었어요. 그러다 깜짝 놀랐답니다. 미사에서 가장 중요한 역할을 하는 오르간의 소리가 선명하게 나지 않았기 때문이에요. 자세히 살펴보니 오르간의 가죽 주름통을 쥐들이 갉아 먹어 구멍이 나 있었어요. 하지만 주름통을 수선하기에는 시간이

❖❖❖
단 한 곡으로 유명해진 작곡가 '프란츠 그루버'입니다. 그의 이름을 잊은 사람은 많지만 그가 만든 노래는 매년 크리스마스에 전 세계 곳곳에서 울리고 있죠.

너무 부족했기에 그는 당황하지 않을 수 없었지요.

찬송가 없는 성탄절은 있을 수 없다고 판단한 모르 신부는 즉석에서 시 하나를 썼습니다. 그리고 성당의 오르간 연주자 프란츠 그루버를 찾아갔죠. 자신의 시에 어울리는 곡을 써달라고 부탁하기 위해서 말이에요. 그루버는 오르간 대신 기타로 연주하는 중창곡을 만들어 주었어요. 이렇게 해서 나온 노래가 바로 〈고요한 밤 거룩한 밤〉이랍니다. 글자 그대로 오르간 반주가 없는 '고요한' 찬송가이죠. 크리스마스 당일, 모르 신부는 기타를 치면서 그루버와 같이 이 노래를 중창했답니다.*

이후 〈고요한 밤 거룩한 밤〉은 수백 개의 언어로 번역되어 12월이면 어김없이 안데스의 작은 교회에서부터 로마의 대성당까지 울려 퍼지게 되었죠.

당시 연주된 기타는 오스트리아 할라인에 있는 프란츠 그루버 박물관에 보존되어 있다고 합니다. 혹시 이 근처를 여행하는 사람이 있다

* Morag J. McGhee & R. Brasch, Mistakes, *Misnomers and Misconceptions*, Merriam Tynron Press, 1990, p.35

면 한번 가서 보는 것도 좋겠네요. 1818년 그날의 〈고요한 밤 거룩한 밤〉을 떠올리면서 말입니다.

X-mas는 엑스마스가 아니라 크리스마스로 읽어야 한다?

우리는 크리스마스christmas를 간단하게 'X-mas'라고 쓰고 '엑스마스'라고 읽어요. 그런데 이건 틀린 발음이에요. 똑같이 크리스마스로 읽어야 한답니다. 크리스트christ에 해당하는 헬라어 X를 활용하여 크리스마스를 'X-mas'라고 표현한 것이기 때문이에요.

한편 초기 기독교에서는 예수의 탄생일을 축하하는 행사가 없었대요. 심지어 예수가 태어난 것으로 알려진 날 또한 12월 25일이 아닌 5월 20일이었고요. 사실 예수가 태어난 날은 정확하지 않아요. 그저 알렉산드리아 신학자 클레멘스가 남긴 글에 따라 5월 20일로 추정했을 뿐이죠.*

그렇다면 왜 5월 20일을 12월 25일로 바꾸었을까요? 교회가 이날을 성탄절로 정한 것은 이교도의 축제인 농신제를 방해하기 위해서였다고 해요. 농신제는 농신 새턴을 추모하기 위해 율리우스력 12월 17일부터 대개 12월 27일까지 열린 고대 로마의 축제였지요.

---

* 김은호, 『에피소드로 본 세계사』, 행담, 2003, p.86

그 기간 동안 사람들은 새턴의 신전에 제물을 바치고 술을 마시며 도박을 즐기며 문란하게 지냈다고 해요.

기독교는 이런 축제를 보고만 있을 수 없었어요. 그래서 345년에 예수의 탄생일을 12월 25일로 옮겨 농신제를 막아보려 했던 것이죠. 이제 크리스마스의 정확한 유래를 알게 되었나요?

런던 사람들은 〈할렐루야〉가 울리면
자리에서 일어나야 한다?

hallelujah

할렐루야

영국의 조지 2세는 헨델의 〈할렐루야〉가 연주되자 감동한 나머지 서서 들었어요.
다른 사람들 역시 합창이 끝날 때까지 앉지 못했지요.
그 이후로 런던 사람들은 〈할렐루야〉를 들을 때마다 서서 듣게 되었답니다.

[한뼘 +] 헨델 : 음악의 어머니. 대표곡으로 〈메시아〉 외에도 〈수상음악〉 〈왕궁의 불꽃놀이 음악〉 등이 있다.

✝ 　교회에서 가장 많이 사용하는 용어 중 하나는 할렐루야예요. 목사가 설교 중에 '할렐루야'라고 말하면 신자들은 그에 맞춰 '할렐루야'라고 화답하지요.

할렐루야hallelujah는 구약 성서에 160회 이상 나오는 단어로, 어원은 히브리어 할렐루야hallaluyah입니다. 이는 할렐루hallalu와 야yah로 이루어진 말인데, 여기서 할렐루는 '찬양하다'라는 의미의 동사 할렐hallel의 복수 명령형이에요. 야는 하나님의 이름인 야훼Yahweh의 줄임말이고요. 따라서 할렐루야는 '하나님을 찬양들 하세요.' 정도로 해석할 수 있지요.

우리에게 할렐루야는 합창곡으로도 익숙해요. 베토벤의 〈합창 교향곡〉도 유명하지만, 작곡가 헨델이 지은 악극 〈메시아messiah〉의 마흔네 번째 곡 〈할렐루야〉를 이야기해 볼까 합니다. 참고로 메시아는 '기름을 바른'이라는 뜻의 히브리어 마쉬아mashiah에서 유래한 말로, '구세주'를 가리키지요. 〈메시아〉는 종교극의 일종인 오라토리오(17~18세기에 성행한 종교적 극음악. 오늘날에는 관현악단이 연주하는 큰 규모의 성악곡도 오라토리오라고 한다.)로 1부에서는 예언과 탄생, 2부에서는 예수의 수난과 속죄, 3부에서는 부활과 영원한 생명을 다루고 있어요. 하지만 종교 음악이 아닌 대중을 위한 악극이지요. 헨델은 이 극으로 오라토리오 역사에서 가장 뛰어난 곡을 남겼다는 평가를 받아요. 〈할렐루야〉는 그런 〈메시아〉의 2부 끝 곡이고요.

이런 〈할렐루야〉와 관련해서 재미있는 관행이 하나 있어요. 이 곡이 시작될 때에는 청중이 모두 일어서야 한답니다. 당시 조지 2세가 이

곡을 처음 듣고 너무나 감동한 나머지 기립하여 들은 것에서 비롯된 관행이라고 해요. 왕이 일어서 있으니 다른 사람들 역시 합창이 끝날 때까지 자리에 앉지 못한 것이죠. 그 이후로 런던 사람들은 〈할렐루야〉 합창이 울릴 때마다 서서 듣는다고 해요.

하지만 또 다른 이야기도 있답니다. 영국의 조지 2세와 그의 가족은 〈메시아〉 공연에 늦어 중간에 입장하게 되었어요. 바로 그때 제2부 마지막 곡인 〈할렐루야〉가 합창되고 있었죠. 사람들은 왕과 그 가족이 도착하자 그 자리에서 일어나 경의를 표했고, 그들이 자리를 완전히 잡을 때까지 계속 서있었다고 해요. 만약 이 이야기가 진짜라면 오늘날 〈할렐루야〉가 울릴 때마다 일어나는 사람들이 우스워질 수도 있겠네요.

한편 교회에서는 할렐루야만큼 '아멘'이라는 말도 많이 쓰지요. 자신이 하는 찬송이나 기도의 내용이 진실하다는 의미로 말이죠. '아멘amen'은 히브리어로 '진실'을 뜻해요. 그런데 일부 사람들은 이 단어가 이집트 신화 속 '신들의 왕'의 이름인 아문Amun에서 유래했다고 주장합니다. 이집트 사람들이 신들에게 서약할 때 '바이 아문By Amun'이라고 말하던 풍습이 히브리 사람들을 통해 '아멘'으로 전해졌다고 말이죠.[*]

미사의 진짜 뜻은
'밖으로 나가세요.' 라고?

미사missa의 어원은 '보내다'라는 뜻의 라틴어 동사 미테레mittere예요. 미사는 이 동사의 여성형 과거분사로 '보내진'이라는 뜻입니다. 미사는 미사 의식에서 가장 마지막에 하는 문장 '이테 미사 에스트Ite, missa est. (가시오, (신자는) 보내졌습니다.)'에서 유래했다고 해요. '이테 미사 에스트'는 의식이 끝났음을 알리는 말로, '의식이 모두 끝났으니 성당 밖으로 나가 복음을 전하세요.'라는 뜻이랍니다.

한편 우리가 잘 아는 미션mission이라는 단어도 라틴어 동사 미테레에서 생긴 말이에요. 이 단어는 16세기 말에 영어로 들어가면서 유럽에서 영국으로 보내는 예수회의 여행을 지칭했지요. 이후 사람들은 이 단어를 상업이나 외교 여행에도 사용했어요.

[*] R. & L. Brasch, *How did it begin?*, Mif, 2006, pp. 340~341

20세기에는 미국인들이 이 용어를 군사 용어로 사용하면서 '미션 임파서블mission impossible'과 같은 표현도 나왔지요. 우리에게 영화 제목으로도 익숙한 표현이 원래는 종교에서 유래했다니, 역시 인간의 삶 속에 종교의 영향은 뿌리 깊은 것 같네요.

데뷔는 원래
스포츠 전문 용어였다?

début

데뷔

데뷔는 '당구에서 초구를 치다.' '볼링을 시작하다'를 뜻하는 동사 데뷔테에서
파생된 단어예요. 즉 데뷔는 본래 활, 당구, 볼링 등 스포츠 분야에서만 쓰이던
용어랍니다. 스포츠 전문 용어를 오늘날에는 모든 분야에서 사용하는 셈인 거죠.

[한뼘 +] 당구 : 기원전 400년경 고대 그리스에서 시작. 현대식은 크리켓을 실내 경기로 전환하는 과정에서 생겼다.

한 신인 예술가가 주목을 받거나 연예인이 대중 앞에 첫 선을 보이면 신문이나 잡지에서는 'OOO가 화려하게 데뷔했다.'라고 표현을 하죠. 누군가는 '데뷰'라고 적고 발음하기도 하는데, 정확한 발음은 '데뷔'랍니다.

데뷔début의 어원은 '끝'을 의미하는 고대 프랑스어 보트bot까지 거슬러 올라가요. 이 단어는 프랑스어에서 뷔트but로 변했는데, 이때는 '표적' '득점'을 의미했습니다. 이 뷔트에서 14세기 말에 '겨냥하다'를 뜻하는 동사 뷔테buter가 파생했고, 16세기 중엽에는 동사 데뷔테débuter가 나왔답니다. 데-dé-는 동사의 뜻을 강조하는 접두사로, 데뷔테는 처음에 '당구撞球에서 초구를 치다.' '볼링을 시작하다.'라는 의미였어요. 즉 데뷔는 본래 활, 당구, 볼링 등 스포츠 분야에서만 쓰이던 말이었죠.

그러다 18세기 중엽부터 '처음 나타나다.'라는 의미로도 사용되었어요. 활이든 당구든 볼링이든 선수 모두에게 처음이란 있기 마련이니, 이러한 의미 확장은 그리 놀라운 일이 아니에요.

이렇게 말하고 보니 어떤 사람은 "에이, 16세기에 당구가?"라고 의심할 수도 있겠네요. 사실 유럽 당구의 역사는 14세기 말까지 올라간답니다. 물론 기원전 400년경 고대 그리스에서부터 당구의 원형이 있었다는 주장도 있습니다. 하지만 그때만 해도 당구는 실내에서 하지 않고 야외에서 치뤄졌기 때문에 오늘날과는 많이 달랐던 것으로 추정되죠.

오늘날처럼 하얀 공을 다른 색깔 공에 맞춰 득점을 올리는 방식의

❖❖❖ 루이 14세의 아들 그랑 도팽은 당구를 사랑한 왕족으로 유명합니다. 그런데 그가 잡고 있는 큐와 당구대 모양이 오늘날과 많이 다르지요?

당구는 영국에서 14세기에 유행한 크리켓(공을 방망이로 쳐서 득점을 올리는 경기)을 실내에서 할 수 있도록 개량한 것에서 출발했다고 해요. 그래서 당구를 뜻하는 프랑스어 역시 본래 '공을 미는 데 쓰이는 굽은 나무토막'을 지칭하는 비이야르billard인가 봐요.

당시 당구는 오늘날의 당구대와 큐가 아니었어요. 하지만 루이 11세와 루이 15세를 비롯한 왕족들과 귀족들 사이에서 인기 있는 스포츠가 되면서 점점 오늘날과 비슷해졌지요. 큐가 똑바른 나무 막대기로 바뀌고, 공의 미끄럼을 방지하기 위해 큐에 바르는 초크(회분)도 생겼고요. 그런데 서양 귀족들이 사랑했던 이 경기가 올림픽 공식 종목으로는 채택되지 못하고 있다니, 조금 뜻밖이네요.

서양의 인사말에는 언제나 신이 함께한다?

연예인 혹은 음악가는 데뷔를 하고 어느 정도 일정 시간이 지나면 '굿바이 무대'를 가져요. 화가나 운동선수도 은퇴를 할 때에는 '고별전'이라는 특별한 시간을 가지고요. 그만큼 데뷔를 하면 언젠가는 사람들과 헤어지기 마련입니다. 그런데 서양은 그 시간이 다가오는 것이 무척 아쉬운지 신과 관련된 인사말이 많아요.

먼저 굿바이good-bye는 'God be with you.(신께서 너와 함께하신다.)'의 약자입니다. 이 문장은 16세기에 'God be wy you.'로 되었다가 17세기에 'God b'y you.'로 줄어들었어요. 19세기에 들어와서야 마침내 오늘날과 같은 형태로 정착되었고요.* 이런 과정을 거쳐 굿바이는 종교적 의미가 약해지고 사회적 만남이나 대화를 마무리하는 표현이 되었답니다. 참고로 여기서 'good night.' 'good day.'와 같은 표현도 나왔어요.

프랑스 인사 아듀adieu도 마찬가지입니다. 아듀는 12세기에 '~에게'를 뜻하는 전치사 아à와 '신'을 뜻하는 명사 디유Dieu를 합쳐 만든 말이에요. 여기에 빠져 있는 주어 '나'와 동사 '맡기다'를 더하면 아듀의 완전한 뜻은 '나는 당신을 신께 맡긴다.'랍니다. 사실 아듀는 보통 이승에서 영영 이별할 때 하는 말이에요. 프랑스 사람들은 일

---

* Merriam-Webster, *Webster's word histories*, Merriam Webster U.S., 1990, p.199

상생활에서 '다시 봄'을 뜻하는 오르브와르au revoir라는 표현을 사용하지요. 물론 어느 지방에서는 오르브와르 대신 아듀를 쓰기도 하고요. 남부 프랑스나 스위스에서도 만났을 때 아듀라고 말한답니다.

재능도 돈이 되는
물질만능주의가 성경에서 비롯됐다?

— •*talent*• —

재능

'화폐 단위'를 뜻하던 고대 그리스어 탈란톤talanton이 탤런트로 변하면서
'능력'이라는 의미도 갖게 됐어요. 이렇게 전혀 다른 의미를 가지게 된 이유는
'달란트의 우화'에 등장하는 달란트가 재능으로도 해석되기 때문이죠.

[한뼘 +] 달란트 : 고대 서아시아에서 쓰인 화폐 단위. 노동자의 하루 품삯 1드라크마의 6000배가 은 1달란트였다.

탤런트를 사전에서 찾아보면 '재주' '재능' '장기' 혹은 '재능을 가진 사람'이라고 나와요. 사람들은 대개 이 단어를 후자의 의미로 사용하죠. 특히 한국에서는 '드라마 배우'라는 뜻으로 많이 사용하고요. 그런데 탤런트를 영어 사전에서 찾으면 '유대인의 화폐 단위'를 일컫는 달란트라는 뜻도 보입니다. 뜻이 전혀 다르죠? 바로 단어 탤런트의 의미가 역사의 흐름과 함께 변화했기 때문이에요.

탤런트talent는 고대 그리스어 탈란톤talanton에서 유래했어요. 당시 의미는 '저울' '무게' '총액' '화폐 단위'였지요. 이 탈란톤이 라틴어로 들어가 '성향' '학습' '의지' '소망'을 뜻하는 탈렌툼talentum, 복수형으로는 탈렌타talenta가 되었어요. 그리고 13세기 말 영어에서 오늘날과 같은 형태인 탤런트가 되었고, 1430년경부터 '특별한 능력'이라는 의미로 쓰였죠.

즉 탤런트는 본래 귀금속의 무게 단위였다가 '능력'이라는 추상적인 의미도 갖게 된 거예요. 이렇게 의미가 확대된 이유는 마태복음 25장에 나오는 '달란트의 우화Parable of the talents' 때문이에요.

이 우화의 내용은 다음과 같아요. 어느 날 주인이 먼 길을 떠나면서 자기 재산을 하인들에게 맡겨요. 각자의 능력에 따라 첫 번째 하인에게는 5달란트를, 두 번째 하인에게는 2달란트를, 세 번째 하인에게는 1달란트를 주죠. 주인이 없는 동안, 첫 번째 하인과 두 번째 하인은 그 돈을 잘 굴려서 배로 벌어들여요. 일종의 이자 놀이를 한 셈이지요. 그런데 1달란트를 받은 하인은 그 돈을 그냥 땅에다 묻어 두었어요. 얼마 후 주인이 돌아와 하인들에게 맡긴 재산을 어떻게 했는지 물어봤지요. 답을

❖❖❖
달란트는 금속 무게의 단위 혹은 화폐 단위예요. 오늘날에는 '달란트의 우화' 덕분에 신이 준 재능 혹은 능력을 나타내는 말로도 쓰이고 있지요.

들은 후에는 첫 번째와 두 번째 하인을 '착하고 충성스러운 종'이라고 칭찬했어요. 그리고 세 번째 하인에게는 '악하고 게으른 종'이라고 나무라며 맡긴 1달란트마저 빼앗아 첫 번째 종에게 주어 버렸죠.

『옥스퍼드 대사전』에 의하면, 중세의 한 설교자는 마태복음에 나오는 이 내용을 설명하는 과정에서 달란트를 화폐 단위가 아니라 '재능'이라고 해석했어요. 이것을 계기로 달란트를 '신으로부터 받은 천부적 재능'이라는 의미로도 사용하기 시작한 거죠.

현대 사회는 재능을 지나치게 돈과 연관시켜요. 물론 탤런트의 어원에 따르자면, 재능과 돈을 연결시키는 것이 맞지만 영화 한 편에 수십억을 받는다거나 드라마 한 편당 얼마를 받는다는 등 모든 재능을 돈으로 평가하는 것은 참으로 안타까워요. 이로 인해 심한 박탈감과 자괴감을 느끼는 사람들도 많아지고 있어 걱정이고요. 앞으로는 재능을 모두 돈으로 평가하는 일은 자제하면 좋겠어요.

팬은 당신을 신이라고 여긴다?

탤런트는 많은 팬들로부터 선망의 대상이 되고 열렬한 사랑을 받죠. 때로는 이러한 사랑이 지나쳐 '열혈팬'도 생기고요. 그러나 열혈팬은 참 어울리지 않는 말의 조합이에요. '뜨거운 피'를 뜻하는 한자어 '열혈熱血'과 영어 '팬fan'의 조합인데, 팬은 어원상 전혀 뜨겁지 않거든요.

팬의 어원은 '신전'을 뜻하는 라틴어 파눔fanum이랍니다. 여기에서 '신전의' '신전과 관련이 있는' '신으로부터 영감을 받아 경건한'을 의미하는 형용사 파나티쿠스fanaticus가 유래했지요. 이렇게 경건하고 조용한 단어가 '열혈'과 붙어 있으니 얼마나 이상한가요?

하지만 16세기에 파타니쿠스가 영어로 들어가면서 퍼내틱fanatic으로 형태가 변하고 '광적인' '광적인 신자'를 의미하게 되었어요. 바로 이 퍼내틱의 약자가 팬이랍니다. 팬은 1889년 미국 영어에서 야구 열광자를 가리키다가 보편화된 용어예요. 그리고 지금처럼 연예인과 관련해 많이 사용되고 있지요. 여러분은 지금 누구를 맹목적으로 따르고 있나요?

옛날에는 모든 공연을
야외에서 했다고?

◆ orchestra ◆

오케스트라

실내 극장은 16세기에 생겼습니다. '야외극장에 원로원과 귀족을 위해
마련한 공간'이라는 오케스트라의 본래 뜻만 보아도 알 수 있지요.
즉 16세기 이전에는 모든 공연이 야외에서 이루어졌답니다.

[한뼘 +] 필하모닉 오케스트라 : 교향악단을 일컫는 말. 뉴욕, 베를린, 빈이 세계 3대 교향악단으로 꼽힌다.

'오케스트라'는 관현악단을 말해요. 그들은 맨 앞줄에 바이올린, 비올라, 첼로와 같은 현악기를, 그다음 줄에 피콜로, 플롯, 오보에, 클라리넷과 같은 관악기를, 마지막 줄에 마림바, 실로폰, 팀파니와 같은 타악기를 배치하여 아름다운 선율을 만들어 내지요. 그런데 이 오케스트라가 악사들의 모임을 가리키게 된 것이 불과 300년 정도밖에 되지 않았다고 하니 뜻밖이지 않나요?

고대 그리스어 오르케스트라orkhestra는 '가무단이 공연을 하는 반원형 공간'을 의미했어요. 본래 무용과 관련된 말이었죠. 이 단어는 라틴어로 들어가 지금과 같은 형태인 오케스트라orchestra가 되어 '야외 극장에 원로원과 귀족을 위해 마련한 공간'으로 의미가 변해요. 참고로 실내 극장이 생긴 것은 16세기부터랍니다. 그리고 1720년대에 들어와서야 '음악회' '오페라에서 연주하는 악사들의 무리'를 가리키죠. 그래서 당시 오케스트라를 영국에서는 '관객을 위한 좌석'이라고, 프랑스에서는 '악사들을 위한 자리'라고 생각했답니다.*

한편 오케스트라와 떼려야 뗄 수 없는 공연은 무엇일까요? 바로 오페라랍니다. 보통 오케스트라가 오페라의 웅장한 음악을 연주하기 때문이죠. 그런데 오페라 극장에 가보면 오케스트라는 보이지 않아요. 무대 위에는 가수와 합창단만 보일 뿐이고요. "반주는 녹음인가요?"라고 물을 수도 있겠지만, 보통 오페라 공연은 처음부터 끝까지 음악이 연주된답니다. 바로 무대 앞 객석보다 낮은 공간인 오케스트라 피트

---

* 윌프레드 펑크 지음, 양동현 옮김,『영어 단어의 로맨스』, 천지서관, 1994, p.268

✧✧✧
오케스트라 피트가 낮은 공간에 설치되는 이유는 관현악단이 관객의 시야를 가리지 않고, 오페라 가수의 음향을 압도하지 않기 위해서입니다.

orchestra pit에서 말이죠.

그러고 보니 오페라opera의 어원도 궁금해지네요. 오페라의 어원은 '일하다'라는 뜻의 라틴어 동사 오페라리operari까지 거슬러 올라가요. '일' '노력'을 의미하는 이 동사에서 나온 오페라가 같은 형태로 이탈리아어에 들어갔지요. 16세기 말 이탈리아 피렌체 사람들은 고대 그리스 연극을 현대적인 무대에서 재현하려고 했어요. 이러한 그들의 시도를 처음에는 '음악 작품'이라는 의미에서 오페라 디 무지카opera di musica라고 했답니다. 이후 이것을 줄여 그냥 오페라라고 했지요. '오페라'라는 말 자체에는 음악이나 무용의 의미가 없답니다.

이와 관련된 용어를 하나만 더 살펴볼까요? 실제 공연이 있기 전에 하는 예행연습을 리허설rehearse이라고 하지요. 리허설에서 리-re-는 '다시'라는 의미의 접두사랍니다. 허설hearse은 '써레질을 하다.'를 의미하는 고대 프랑스어 헤르시에hercier에서 나온 말이고요. 써레질은 써레라는 농기구로 논이나 밭을 판판하게 고르는 작업을 말해요. 직역하면 리허설은 논이나 밭을 여러 번 고른다는 의미지요.

이 단어는 14세기에 '다시 한 번 이야기하다.'라는 의미로 쓰이다가 16세기 말부터 지금까지 '연기나 연주를 예행연습하다.'라는 의미로 쓰이고 있습니다. 독서를 리허설로 표현하자면 우리는 책을 읽고 사색하는 행위를 통해 정신을 '리허설'한다고 할 수 있겠군요!

대표 콩쿠르 악기 피아노의
진짜 이름이 따로 있다고?

·concours·

콩쿠르

보통 '콩쿠르' 하면 떠오르는 악기인 피아노의 원래 이름은
'그라비쳄발로 콜 피아노 에 포르테'입니다. 악기 제작자 크리스토포리가
하프시코드(이탈리아어로 쳄발로)를 참고하여 피아노를 만들었기 때문이죠.

[한뼘 +] 제네바 국제 콩쿠르 : 세계적인 음악가들을 배출한 국제 경연. 정명화가 1971년에 첼로 부문 1위로 입상했다.

여러분은 '나 이번 피아노 콩쿠르에서 소나타로 상을 받았어.'라는 말을 들으면 그 의미를 정확하게 이해하나요? '콩쿠르' '피아노' '소나타'에는 여러분에게 익숙한 의미 외에 다른 뜻도 포함되어 있답니다.

먼저 콩쿠르concours부터 알아보지요. 보통 음악에서 '콩쿠르'는 음악에 뛰어난 재능을 가진 신인이나 단체를 경쟁시켜 우수한 인재를 가리는 대회를 의미해요. 이 단어의 어원은 라틴어 동사 콩쿠레레 concurrere입니다. '~와 함께'의 콘-con-과 '달리다'의 쿠레레currere가 합쳐진 단어로 '함께 달리다.'라는 뜻을 가지고 있어요. 14세기 초에 이 동사의 과거분사 콩쿠르수스concursus에서 콩쿠르가 나왔지요. 콩쿠르는 처음에 '곤경에서 벗어나는 수단'을 뜻했어요. 그러나 16세기 후반부터 '집합' '모임'을 뜻하다가 17세기 중엽부터 오늘날까지 '경쟁'이라는 의미로 쓰이고 있죠. 즉 콩쿠르는 여러 사람이 함께 달리는 경쟁인 거예요.

다음은 피아노에 대해서 알아보지요. 피아노의 전신은 하프시코드 (이탈리아어로 쳄발로cembalo)라는 건반 악기예요. 건반을 누르면 줄이 퉁겨져 소리가 나는 원리인 이 악기는 섬세한 소리를 내지 못했어요. 이를 보완하기 위해 이탈리아의 악기 제작자 크리스토포리가 펠트로 덮은 망치로 줄을 치는 방법을 고안했지요. 이를 통해 연주자는 소리의 크기를 훨씬 자유롭게 조절할 수 있었답니다.

크리스토포리는 이 새로운 피아노를 '부드러운 소리와 강한 소리를 내는 하프시코드'라는 의미에서 '그라비쳄발로 콜 피아노 에 포르

테gravicembalo col piano e forte'라고 불렀지요. 이탈리아어로 피아노piano는 '부드럽게', 포르테forte는 '강하게'라는 의미거든요. 참고로 피아노($\boldsymbol{p}$) 와 포르테($\boldsymbol{f}$)는 음악 기호로도 사용되고 있답니다.

사람들은 크리스토포리가 지은 이 이름이 너무 길다고 '피아노 에 포르테piano e forte'나 '피아노포르테pianoforte'라고 줄여 불렀어요. 그리고 여기서 더 짧게 줄인 피아노가 오늘날 표준어가 된 것이죠. 그러니 단어의 의미로만 보면 피아노는 강하게 연주하는 악기가 아니에요. '여리게' 연주해야 하는 섬세한 악기랍니다.

마지막으로 소나타를 살펴보지요. 소나타sonata는 '소리를 내다'라는 뜻의 라틴어 동사 소나레sonare의 여성형 과거분사예요. 소나타는 17세기에 이탈리아어로 들어가 '셋 또는 네 악장을 가진 기악곡'을 가리키는 말이 되었어요. '성악곡의 형식'을 일컫는 칸타타cantata도 '노래하다'라는 뜻의 칸타레cantare에서 비슷한 과정을 거쳐 만들어진 단어랍니다.

그런데 이렇게 서양 음악 용어들을 알아가다 보면 한국 음악 용어는 얼마나 알고 있나 스스로 반성하게 돼요. 여러분은 어떤가요? 클래식에 대해서는 제법 알지만 한국 전통 음악에 대해서는 잘 모르지 않나요?

대상을 의미하는 '그랑프리'는 원래 대회 이름이었다?

콩쿠르에서 주는 대상을 그랑프리라고 합니다. 그랑프리grand prix 는 한 단어가 아니라 두 단어예요. 프랑스어로 '큰'이라는 뜻의 '그랑 grand'과 '상'이라는 뜻의 '프리prix'가 합쳐진 말이지요.

그런데 이 용어는 사실 음악과 전혀 관련이 없답니다. 1863년 파리 롱샹 경마장에서 열린 국제경마경기 '그랑프리 드 파리Grand Prix de Paris'에서 유래했거든요. 당시 대회명으로 쓰인 데에는 '가장 수준이 높은'이라는 의미가 숨어 있었죠. 이 대회 덕분에 자동차 경주, 음악회, 영화제 등에서도 '대상'을 그랑프리로 표현하기 시작했답니다.

최초의 영화를 보고
사람들이 비명을 지른 이유는?

•*cinema*•

영화

뤼미에르 형제는 자신들이 발명한 시네마토그래프로 사람들에게
영화를 상영했어요. 얼마 지나지 않아 사람들은 비명을 지르며 도망갔다고 해요.
영화 속 열차가 도착하는 장면이 전하는 생동감 때문이었죠.

[한뼘 +] 키네토스코프 : 뤼미에르 형제보다 앞서 에디슨이 발명한 활동사진 영사기. 한 번에 한 명밖에 볼 수 없다.

영화를 싫어하는 사람은 별로 없을 거예요. 혼자서 기분 전환을 할 때 연인, 친구와 함께 시간을 보낼 때 영화 관람은 가장 많이 하는 여가 활동이죠. 요즘에는 DVD와 인터넷이 있어서 영화관에 가지 않아도 영화를 쉽게 볼 수 있고요. 하지만 불과 20년 전에는 그렇지 않았어요. 이렇게만 이야기해도 한 시대의 변화가 절로 느껴지네요.

　　영화를 최초로 만든 사람은 프랑스 뤼미에르 형제랍니다. 형 오귀스트와 동생 루이는 1870년 리옹에서 유명 기술 학교 '라 마르티니에르'를 졸업했지요. 그 후 아버지 샤를이 운영하는 사진 스튜디오에서 루이는 기술자로, 오귀스트는 경영자로 일하면서 회사를 키워 나갔어요.

　　당시 서양에서는 활동사진에 대한 관심이 높았습니다. 활동사진은 에디슨과 윌리엄 딕슨이 발명한 키네토스코프로 보는 움직이는 사진을 말해요. 하지만 에디슨의 기계로는 한 번에 한 사람만 활동사진을 볼 수 있었어요. 그래서 뤼미에르 형제는 더 많은 사람들이 대형 화면으로 관람할 수 있는 방법을 고안했지요. 그 결과 만들어진 것이 시네마토그래프예요. 촬영한 필름을 큰 벽에 영사해서 많은 사람들이 동시에 볼 수 있게 한 기계였죠.

　　뤼미에르 형제는 1894년 2월 13일 시네마토그래프 특허를 받았어요. 그리고 이듬해 12월 28일 파리에 있는 '그랑 카페 인 파리'에서 활동사진을 상영했지요. 사람들은 놀라움을 금치 못했죠. 특히 50초 동안 아무런 대사도 없이 단순히 열차가 도착하는 장면만 보여 주는 〈'라 시오타'에 도착하는 기차〉가 상영될 때는 "으악!"이라고 비명을 지르며 달아나는 사람들도 있었다고 해요.

❖❖❖
뤼미에르 형제는 카메라이자 영사기인 시네마토그래프
를 통해 최초로 대중 영화를 상영했지요.

　'영화' '영화관'을 뜻하는 시네마cinema는 바로 위에서 언급한 '움직임'과 관련이 있어요. 1892년 프랑스 발명가 레옹 불리는 '움직임'을 뜻하는 그리스어 키네마kinema와 '기술記述'을 뜻하는 그래프graphe를 붙여 단어 시네마토그래프cinématographe를 만들었어요. 그리고 3년 뒤인 1895년에 뤼미에르 형제가 이 용어를 그대로 사용했지요. 그런데 신문이나 잡지는 이 단어를 줄여서 표시했어요. 예컨대 1900년《프로그람 드 렉스포지시옹》은 시네마cinéma로, 1917년《르 탕》은 시네ciné로 표현했지요.

　한편 당시 사람들은 이렇게 줄여진 단어들로 많은 신조어를 만들었어요. 1920년대에 생긴 영화 애호가 동아리 '시네-클뢰브ciné-club', 1936년 프랑스에 설립된 세계 최대의 영화자료관 '시네마테크cinémathèque', 영화 작가나 제작자를 일컫는 말 '시네아스트cinéaste' 등이 그 예이지요. 그만큼 당시 시네마토그래프는 굉장한 인기를 누리며 영화 산업뿐만 아니라 사회 전반에 많은 영향을 끼쳤답니다.

한국에 영화가 들어온 것은 20세기 초예요. 당시 관련 신문 광고를 볼까요?

동대문 내 전기 회사가 기계창에서 시술하는 활동사진은 매일 하오 (오후) 8시부터 10시까지 설행되는데 대한 및 구미 각국의 도시, 각종 극장의 절승한 광경이 구비하외다. 허입료금(입장 요금) 동화 10전.

-1903년 6월 23일 『황성신문』

위 내용으로 국내 제작 영화가 유료 상영되었다는 것을 알 수 있어요. 국내에서 영화는 위 기사처럼 처음에 활동사진이라고 불렸어요. 그러다 이후 시네마로 바꿔 불렸죠. 또한 시네마는 당시에 영화 제작사라는 의미도 가졌던 것으로 보여요. 1928년 3월 28일 『동아일보』에 평양 시네마가 영화 〈춘희〉를 제작 완료했다는 내용이 실려 있거든요. 한 시대를 풍미하면서 수많은 신조어를 만들어 내고, 자신 역시 여러 용어로 불렸던 영화, 여러분은 어떻게 부르고 있나요?

5.
권리를 주장하는 '정치'의 역사

보스가 원래 삼촌같이
친근한 사람이었다고?

· boss ·

보스

보스의 어원은 '삼촌' '아저씨'를 뜻하는 네덜란드어 바스 bass 예요. 바스는 의미가
바뀌어도 '어린 직공들을 관리하는' 감독을 뜻했습니다. 그러니 어원대로라면
보스는 아랫사람에게 삼촌같이 친근해야 하지 않을까요?

[한뼘 +] 뉴암스테르담 : 네덜란드가 만든 식민 도시. 영국령이 되면서 지금의 뉴욕으로 이름이 바뀌었다.

보스는 어느 한 조직에서 실권을 쥔 최고 책임자를 말해요. 이 용어는 특히 정치계에서 많이 사용되죠. 정계의 비공식 우두머리가 심복과의 관계를 우선한다는 의미로 '보스 정치'라는 말이 있을 정도랍니다.

보스boss의 어원은 네덜란드어 바스bass로 알려져 있어요. 원래 바스는 '삼촌' '아저씨'를 뜻하다가 서서히 어린 직공들을 관리하는 '감독' '우두머리'로 의미가 바뀌었지요. 온라인 어원사전에 의하면, 네덜란드어 바스는 1625년 영어에서 '네덜란드 선장'이라고 쓰였대요. 여러분도 잘 알다시피 선장은 배에서 모든 지시를 내리는 사람이죠.

바스가 영어 보스로 바뀐 것은 1649년이에요. 하지만 본격적으로 사용되기 시작한 때는 1667년 브레다 조약 체결 이후입니다. 브레다 조약은 제2차 영란 전쟁의 결과 맺어진 조약이에요. 당시 가장 강력한 해군을 가지고 있던 네덜란드와 그 뒤를 추격하는 영국은 바다 위에서 치열한 전투를 치렀습니다. 두 국가의 전쟁은 3차까지 벌어졌죠. 제2차 전쟁은 네덜란드 측이 우세했기 때문에 네덜란드 남서부의 브레다에서 조약이 맺어졌습니다. 이 조약으로 네덜란드는 영국으로부터 수리남, 포레론, 기아나, (현재의 뉴욕인) 뉴암스테르담을 얻었고, 항해 조례를 완화시켜 독일의 생산물에 조례를 적용하지 않기로 합의했지요. 그 결과 수많은 네덜란드어가 미국으로 들어가게 됩니다. 보스를 포함해서 말이죠.

네덜란드어에서 파생된 영어는 주로 미국 하층민들이 사용했어요. 그중에서도 단어 '보스'가 널리 쓰이게 된 데에는 영국에서 흔히 쓰이

❖❖❖
유럽 최대의 해운국이었던 네덜란드와 신흥 강자 영국은 해상 무역의 주도권을 차지하기 위해 세
차례 전쟁을 벌였습니다. 마지막에는 영국이 우위를 차지했습니다.

는 단어 마스터master에 대한 미국인들의 반감이 한몫했습니다. 여기
서도 영국과 미국 사이의 미묘한 갈등을 엿볼 수 있죠. 1838년 미국 소
설가 제임스 페니모어 쿠퍼가 보스와 같은 야만적인 단어가 영어를
해친다고 크게 화를 냈지만 소용이 없었다고 해요.

　1860년대부터 보스는 정치적 수장이라는 의미로 사용되었어요. 뉴
욕의 유명 부패 정치인 윌리엄 머시 트위드를 '보스 트위드Boss Tweed'
라고 부르면서 널리 확산되었다고 하네요. 트위드는 미국 보스 정치
의 대표적인 예로 꼽히는 인물이죠. 또한 제2차 세계 대전 이후 잡
지《타임》에서도 이 용어를 자주 사용하면서 더욱 널리 알려졌답니
다. 실제로 미국 대통령 해리 트루먼은 "리더가 민주당에 있으면 그
는 보스이고, 그가 공화당에 있으면 리더가 된다.(When a leader is in the
Democratic Party, he's a boss; when he's in the Republican Party, he's a leader.)"라

고 말한 바 있어요.

한편 마스터master의 어원은 라틴어 마지스터magister로 본래 '수장' '우두머리' '감독' '교사'를 가리켰지요. 14세기부터는 대학에서 가르치는 사람을 일컫는 호칭으로도 사용했고요. 이 단어는 고대 영어 매줴스터mægester 를 거쳐 오늘날 마스터가 되었지요.

오늘날 이 단어는 다양하게 사용되고 있어요. 하인이 주인을 부를 때, 유명 화가를 부를 때, 사립 학교 교사나 교장을 지칭할 때, 대학에서 수여하는 석사 학위를 가리킬 때, 그리고 종교 지도자에 대한 호칭으로도 사용하지요. 혹은 '어떤 분야의 전문가'라는 의미로도 쓰이고요. 여러분은 어떤 마스터인가요?

독단적이지 않고 함께 가야 진정한 리더인 이유는?

리더는 뛰어난 인품, 탁월한 감각, 월등한 추진력, 넘볼 수 없는 권위 등으로 다른 사람의 삶에 큰 영향을 끼치는 사람이에요. 특출한 리더는 자기 나라뿐만 아니라 전 세계에 영향을 끼치지요. 줄리어스 시저, 알렉산더 대왕, 나폴레옹, 마하트마 간디, 윈스턴 처칠 등은 역사를 바꾸기도 했고요.

이렇게 리더leader는 오래전부터 존재해 왔지만 이 단어가 생긴 것은 14세기예요. '이끌다'를 뜻하는 리드lead도 마찬가지죠. 먼저

리드는 고대 영어 래단lædan에서 생긴 말이에요. 래단은 '누구와 함께 가게 하다.'라는 의미였어요. 이 래단에서 '누구와 함께 가주는 사람' '이끄는 사람' '첫 번째 또는 가장 걸출한 사람'을 가리키는 래데레lædere가 파생해서 리더가 되었지요. 참고로 리더십leadership은 1821년에 생긴 단어랍니다.

이 단어는 특히 정치계에서 많이 사용돼요. 그러나 몇 년 전부터 학교에서도 이 단어를 부쩍 많이 쓰기 시작했어요. 모든 학생에게 '리더십'을 길러 '리더'가 되라고 말이에요. 말은 좋지만 지나치게 강요하여 학생들을 '무한 경쟁 세계'로 내모는 것은 아닌지 우려가 돼요. 간혹 "모두 '리더'가 되면 '팔로워follower'는 누가 하지?"라는 생각도 들고요. 자신이 원하는 바를 제대로 추구한다면 누군가를 리더로 섬겨도 자신 역시 누구의 리더가 될 수도 있다는 사실을 알면 좋겠네요.

임기 말의 정치인을
뒤뚱거리는 오리에 비유하는 까닭은?
·*lame duck*·
레임덕

18세기 영국 주식 시장에서는 파산자의 쓸쓸한 뒷모습이
뒤뚱거리는 오리와 비슷하다고 하여 '레임덕'이라고 했어요.
이러한 용어가 정치계까지 확산되어 오늘날처럼 쓰이는 것이죠.

【 한뼘 + 】 『허영의 시장』 : 새커리가 쓴 소설. 19세기 허영이 가득한 영국의 상류 사회를 풍자했다.

사전에서 레임덕을 찾으면 두 가지 의미가 나와요. 하나는 (성공하지 못해서) 도움이 필요한 사람이나 조직이고, 다른 하나는 (재선에 실패한) 임기 말의 정치인이나 정부라는 뜻이죠. 우리에게는 두 번째 의미로 많이 알려져 있습니다. 레임덕은 우리처럼 대통령을 단임제로 하는 나라에서는 두드러지는 정치 현상이거든요. 대부분 단임제를 실시하는 국가의 대통령은 임기 5년 중 절반이 지나면 '레임덕' 현상을 겪지요. 대통령의 정책이 국회에서 잘 통과되지 않는 현상이 대표적인 예입니다.

오리를 뜻하는 영어 덕duck은 고대 영어 두스duce에서 왔습니다. 덕에다 '절름발이의'라는 의미의 형용사 레임lame을 붙이면 레임덕lame duck이 되죠. 레임덕은 글자 그대로 '절름발이 오리'를 뜻합니다. 뒤뚱거리면서 걷는 오리를 생각하면 이 둘은 자연스럽게 어울리는 조합처럼 보이는군요.

이 레임덕은 원래 경제 용어였어요. 18세기 중엽 영국 주식 시장에서 생긴 은어랍니다. 이 단어는 '재정적 책무를 감당할 수 없어서 기권해야 하는 사람' '불이행자'를 가리켰어요. 주식에서 성공하면 큰 부자가 되기도 하지만, 실패하면 글자 그대로 알거지가 되지요. 레임덕은 그렇게 실패한 사람의 떠나는 뒷모습이 마치 뒤뚱거리는 오리와 비슷하다고 해서 생긴 표현이에요.

당대 영국 소설가 윌리엄 메이크피스 새커리가 쓴 소설『허영의 시장』을 잠깐 살펴볼까요? 이 소설은 두 여성의 일생을 통해 19세기 상류 사회의 허영을 적나라하게 드러냅니다. 주인공 새들리는 아버지가 주식 중개인이라는 이유로 사랑하는 남자와 결혼을 하지 못할 뻔하죠. 남자의 부모는 이렇게 말해요.

"새들리 씨 사업은 별로 신통해 보이지 않아. (……) 난 절름발이 오리의 딸을 우리 집안에 들이고 싶지 않아."

이처럼 레임덕은 '실패한 중개인'이라는 본래의 뜻처럼 당대에 부정적인 의미가 강한 단어였답니다.

이후 이 단어는 서서히 정치계로 들어갔지요. 1863년 미국에서는 '선거에 실패한 후 남은 임기를 채우는 공무원'의 개념으로도 사용되었어요. 미국의 제16대 대통령 에이브러햄 링컨은 "임기를 마친 상원 의원 또는 하원 의원은 일종의 레임덕이다. 그들에게 뭔가를 제공하여야 한다."라고 말했다네요. 1910년 12월 8일자《이브닝포스트》신문도 '레임덕 앨리Lame Duck Alley'라는 표현을 쓴 적이 있어요.* '칸막이를 한 복도'라는 뜻으로, 선거에서 패배한 정치인들이 주로 모이는 곳을 일컫는 말이었다고 해요.

레임덕은 권력을 두고 격렬히 다투는 정치판에서는 불가피해 보여요. 그래서 임기 말에 많은 사람으로부터 존경을 받아 레임덕이 없는 대통령을 기대하는 것은 무리일지도 모르겠지요.

---

* the Editors of American Heritage Dictionaries, *Word mysteries & histories*, Houghton Mifflin, 1986, p.140

제2차 세계 대전을
연합군의 승리로 이끈 사람들은?

résistance

레지스탕스

초기 프랑스의 레지스탕스는 소수에 의한 산발적인 운동이었답니다.

이 레지스탕스가 후에 대중적인 운동이 되면서

파리 해방부터 노르망디 상륙 작전에 큰 기여를 했지요.

[한뼘 +] 파리 해방 : 제2차 세계 대전 중 프랑스 파리가 독일군 점령으로부터 벗어난 사건.

레지스탕스는 넓은 뜻으로 '제2차 세계 대전 당시 일어난 유럽 파시즘에 대한 저항'을, 좁은 뜻으로 프랑스 사람들의 독일군과 비시 정권(프랑스 남부에 설립된 친독 정권, 수도가 비시였다.)에 대한 저항 운동을 가리키지요.

본래 레지스탕스는 조국을 해방시키기 위한 목적이었으나, 서서히 인간의 자유와 존엄을 지키려는 투쟁의 의미를 가지게 되었죠. 특히 프랑스의 레지스탕스는 수많은 프랑스인들이 참여했으며, 종교나 정치적 성향과 관계없이 독일 점령군에 대항하고, 1944년 6월 파리 해방부터 노르망디 상륙 작전에까지 큰 기여를 했다는 점에서 높이 평가받고 있습니다.

레지스탕스résistance는 '저항하다'라는 의미의 라틴어 동사 레지스테레resistere에서 온 말이에요. 이 동사에서 나온 명사 레지스텐티아resistentia는 고대 프랑스어 레지스탕스resistance를 거쳐 14세기 중엽 똑같은 형태로 영어로 들어갔어요. 여기에 현대 프랑스어의 악센트까지 더해져서 지금의 형태가 되었고요. 이 단어가 '점령하거나 지배하는 권력에 맞서 비밀리에 조직된 저항'이라는 의미로 쓰이기 시작한 것은 1939년부터라고 해요. 제2차 세계 대전이 발발하면서 레지스탕스가 곳곳에서 만들어지던 시기죠.

그런데 여러분, 우리가 아는 것과 달리 대중적인 레지스탕스는 늦게 형성되었답니다. 초기 프랑스의 레지스탕스는 소수에 의한 산발적인 저항 운동이었거든요. 독일 도르트문트 대학 발터 크레머 교수에 따르면, 이 저항 운동에 적극적으로 참여한 사람은 프랑스 인구 1,000분

1944년 8월 19일 프랑스 부대가 파리로 진격했습니다.
그리고 파리에 있던 레지스탕스 대원들이 독일군 자동차 바퀴에 구멍내고,
통신선을 두절시키는 등 도시 구석구석에서 활약을 했죠.
덕분에 유럽의 문화적, 정치적, 지리적으로 중요한 도시인 파리를 지켜낼 수 있었습니다.
사진은 8월 25일, 연합군이 시민들의 환영 인사를 받으면서
샹젤리제 거리로 들어오는 장면이에요.

의 1에 해당하는 5만 명 정도라고 해요. 또한 독일군이 프랑스를 점령하던 초기에는 프랑스인들의 경제 활동이 여전히 활발하고 자유를 크게 억압당하지 않았습니다. 영화나 연극 관람도 비교적 자유로웠고요. 그래서 혹자는 "유럽에서 독일군에 점령된 나라들 가운데 프랑스만큼 기꺼운 마음으로 나치에게 많은 도움을 받은 나라는 또 없을 정도였다."라고 말하지요.*

하지만 독일군의 횡포가 점점 심해지자 독일군과 소련의 개전을 계기로 군사 시설 파괴에 적극적으로 나서는 등 레지스탕스의 움직임이 활발해집니다. 무엇보다 샤를 드골이 레지스탕스 운동을 결집시킨 '전국저항평의회' 덕분에 레지스탕스는 국민적인 운동으로 부상하지요. 이로 인해 누군가는 시기상조라고 했던 '파리 해방'이 내부의 도움으로 성공적으로 끝날 수 있었습니다.

그렇다면 여러분, 우리의 레지스탕스는 누구일까요? 바로 일제의 억압에 대항해 국내외에서 활동한 독립군들이 레지스탕스라고도 할 수 있겠죠. 이것이 바로 이들을 존경해야 하는 이유랍니다.

---

* 발터 크래머 · 괴츠 트랭클러 지음, 박영구 · 박정미 옮김, 『상식의 오류사전2』, 경당 2001, p.103

한 나라의 국민들이 뭉치면
가장 강력한 군대도 물리친다?

요즈음 '게릴라 콘서트' '게릴라 세일' '게릴라 이벤트' '게릴라성 폭우' 등 게릴라를 '깜짝'이라는 뜻으로 많이 사용하고 있죠. 하지만 게릴라는 본래 '기습' '소규모 전투' 혹은 '비정규적이고 독립적인 군 조직이나 그러한 조직에서 활동하는 사람'을 말했어요. 이러한 게릴라는 사실 레지스탕스와 비슷한 의미로 쓰이는 전쟁 및 정치 용어랍니다.

게릴라guerrilla는 '전쟁'을 뜻하는 에스파냐어 게라guerra에서 나온 말이에요. 이 단어는 나폴레옹 치하의 프랑스군과 에스파냐 · 영국 · 포르투갈 연합군이 벌인 반도 전쟁을 계기로 영어에 들어갔지요. 1807년 10월 나폴레옹 군은 이베리아 반도에 있던 포르투갈을 공격했어요. 이에 놀란 포르투갈 왕실은 모든 것을 영국군에게 맡기고 브라질로 망명했지요. 프랑스군은 인접 국가인 에스파냐 왕실까지 위협했습니다. 심지어 에스파냐 내분을 빌미로 카를로스 4세를 폐위시키고 그의 아들 페르난도 7세를 즉위시켰지요.

프랑스군의 만행과 횡포가 계속되자 마드리드 시민들은 이에 격분한 나머지 1808년 5월 돌과 몽둥이를 들고 프랑스군에 저항했어요. 그러나 곧 프랑스군에 의해 진압됐지요. 하지만 8월에 영국군이 상륙하자 에스파냐 사람들은 전국적으로 봉기하여 다시 프랑스군을 압박했어요. 이중에서 특히 활발히 움직인 에스파냐 농부와 양치기들을 군인들은 게릴라로 불렀답니다.

결국 1813년 프랑스는 라이프치히 전투에서 완패하고 맙니다. 훗날 나폴레옹은 당시를 회상하며 "에스파냐의 궤양漬瘍이 나를 파괴시켰다."고 말했다네요. 이렇게 소규모 전투가 유럽을 제패하던 남자를 무릎 꿇릴 수 있었다니 참 대단하지요.

최초로 슬로건을
내건 집단은 군대이다?

· slogan ·

슬로건

1513년 플로든 전투에서 스코틀랜드 사람들은 '슬로고름sluagh-ghairm'이라고
커다랗게 함성을 질렀습니다. 이 슬로고름에서 오늘날의 슬로건이 파생되었지요.
즉 슬로건을 최초로 사용한 집단은 스코틀랜드 군대라고 할 수 있겠네요.

[한뼘 +] 제임스 4세 : 예술, 과학, 경제 등을 발전시키는 데 힘써 스코틀랜드에 최고 전성기를 가져다주었다.

슬로건은 어떤 단체의 주장을 간결하게 나타낸 어구를 말해요. 우리말로 구호, 강령, 표어 정도가 되겠네요. 예를 들어 1972년 국제연합인간환경회의는 '하나밖에 없는 지구'라는 슬로건을, 2008년 오바마 대통령은 민주당 후보이던 시절 'Yes, We can!'이라는 슬로건을 제시했죠. 2016년 브라질 리우데자네이루 하계 올림픽은 'New World'라는 슬로건을 내세웠고요. 이처럼 슬로건은 단체가 추구하는 바를 대내외에 알리는 기능을 합니다. 현대에 들어와 한 가지 아쉬운 것은 슬로건이 슬로건으로 끝나는 경우가 많다는 것이에요.

그렇다면 슬로건의 어원은 무엇일까요? 16세기 초 스코틀랜드로 거슬러 올라가 봅시다. 1512년 스코틀랜드는 동맹국 프랑스의 요청에 따라 영국 국경 쪽으로 군대를 이동했어요. 이로 인해 영국은 불만을 표출했죠. 그럼에도 스코틀랜드는 오히려 영국을 공격하여 플로든 언덕까지 진격했습니다. 그러다 갑자기 1513년 플로든 언덕에서 벌어진 전투에서 대패하고 말았어요. 귀족을 비롯한 1만 명 이상이 사망했으며, 제임스 4세 역시 이 전투에서 전사하고 말았죠. 이 전투를 배경으로 한 스코틀랜드 민요 〈숲 속의 꽃들〉은 600년이 지난 지금까지도 애창되고 있답니다.

전투 당시 스코틀랜드 사람들은 큰 함성을 질렀다고 해요. 고이델제어(아일랜드어, 스코틀랜드게일어, 맹크스어의 총칭)로 슬로고름sluagh-ghairm이라고 말이죠. 슬로sluagh는 '군대' '사람 무리'라는 뜻이고, 고름ghairm은 '함성'이라는 뜻이니, 이 둘을 합하면 '군의 함성'이라는 의미가 되지요. 이 슬로고름은 이후 slughorne, slogurn 등 여러 가지 형태로 쓰

❖❖❖
제임스 4세는 스코틀랜드의 번성기를 이룬 왕이에
요. 하지만 영국과 벌인 플로든 전투에서 전사한 후
시신은 고국으로 돌아오지 못했다고 합니다.

이다가 17세기에 이르러 오늘날과 같은 슬로건이 되었어요. 그러니 슬로건을 최초로 사용한 집단은 스코틀랜드 군대라고 할 수 있겠네요.

슬로건은 18세기 초에 들어와서야 '정치나 다른 집단이 사용하는 독특한 단어나 문장'이라는 뜻으로 사용되었습니다. 이탈리아어 모토motto와 비슷하지요. 실제로 제1차 세계 대전 당시에는 온갖 단체들이 슬로건을 내걸고 거리로 나왔다네요.

한편 슬로건은 영어를 거쳐서 1842년 프랑스어로 들어왔어요. 하지만 프랑스인들은 너무 스코틀랜드적인 이 단어를 곧 잊어버렸죠. 그러다가 1930년 프랑스 작가이자 외교관인 폴 모랑에 의해서 다시 프랑스어로 들어왔지요. 이때에는 '광고의 효과를 높이는 짧고 눈에 확 띄는 표현'이라는 의미였어요. 2년 뒤에 프랑스 작가 앙드레 모루아가

이 단어를 정치계로 들여왔지요.*

슬로건과 비슷한 의미로 사용되는 모토motto는 이탈리아어예요. '투덜대다'라는 뜻의 라틴어 동사 무티레muttire에서 유래했지요. 이 동사로부터 나온 '불평' '단어'를 뜻하는 라틴어 명사 무텀muttum이 모토가 된 것이랍니다. 최초의 의미는 각종 '문장紋章 도안에 붙이는 격언이나 설명문'이었지요.

한 개인에게 슬로건이나 모토는 좌우명座右銘이라 할 수 있어요. 여러분의 좌우명은 무엇인가요?

어젠다는 이야기가 아니라 할 일을 의미하는 단어였다?

어젠다는 '함께 모여서 논의할 사항이나 주제의 목록'을 말해요. 슬로건을 내거는 인물 혹은 조직이라면 어젠다가 늘 있기 마련이죠. 사실 우리 모두 어젠다를 가지고 있답니다. 학교, 회사 심지어 일상생활에서도 누군가와 의논할 거리는 있기 마련이니까요.

어젠다agenda는 본래 기독교 신자와 관련이 있는 말이랍니다. 어원은 '~를 하다.'라는 뜻의 라틴어 동사 아게레agere까지 거슬러 올라가요. 이 동사로부터 파생한 아젠두스agendus에서 '해야 할 일들'

---

* Merriam-Webster, *Webster's word histories*, Merriam Webster U.S., 1990, p.434

을 가리키는 아젠다agenda가 나왔지요. 이 아젠다가 17세기에 영어로 들어가 오늘날 어젠다가 된 것이고요.

그렇다면 본래 '해야 할 일들'은 무엇이었을까요? 그것은 바로 '기도' '봉사' 등 교회 사람들에게 요구되는 목록이었어요. 그러다 19세기 말부터 교회뿐만 아니라 세속적인 단체나 모임에서 해야 할 일들의 목록도 어젠다라고 부르기 시작했답니다. 오늘 여러분의 어젠다는 무엇인가요?

미국에는
합법적인 뇌물이 있다?

• *lobby* •

로비

미국은 로비스트를 직업으로 인정할 정도로
로비 활동을 합법화하고 있습니다. 한국에서는 부정으로 여겨지는 일이
미국에서는 공연한 정치 활동으로 인정받죠.

[한뼘 +] 로비 : 국가에 등록한 기업 및 개인만이 로비 활동을 할 수 있다. 호주, 프랑스 등도 로비를 합법화했다.

1985년 6월 11일 한 신문은 한국이 전 세계에서 미국에 '로비'하는 데 여덟 번째로 많은 돈을 썼다는 기사를 내보냈어요. 다음은 그 내용이에요.

> 미국의 시사주간지 《유에스 뉴스 앤드 월드 리포트》의 '워싱턴' 로비스트 특집은 84년 미국의 영향력을 사려고 거금을 쓴 열 개국 가운데서 한국이 여덟 번째를 차지했다고 기록했다. (……) 이 주간지가 밝힌 로비스트들의 수입은 시간당 400달러에서 연 25만 달러, 외국 정부와 기업체들은 특히 대외 정책을 담당하고 있는 미 국무성을 우회, 의회에 직접 파고들고 있다고 이 주간지는 설명하면서 82년에 공식으로 등록된 대회 로비스트 단체만 해도 150개라고 밝혔다.

이 글에서 몇 가지 사실을 추론해 볼까요? 첫째, 지금도 그렇지만 당시 한국은 미국에 많이 의존하는 나라였어요. 그렇지 않으면 연 25만 달러라는 많은 돈을 로비 활동에 쓸 리가 없지요. 둘째, 미 행정부와 국회를 대상으로 로비를 했다는 점에서 전직 고위 관리나 국회 의원을 로비스트로 활용한 것으로 보여요. 셋째, 미국에서는 로비 활동을 주간지에 보도할 만큼 부정적으로 생각하지 않는 것 같아요. 우리와 달리 로비 활동을 합법화하고, 로비스트 또한 직업으로 인정하고 있으니까요.

그렇다면 로비lobby는 어디서 유래한 말일까요? 어원은 '수도원 내 덮인 보도'를 뜻하는 중세 라틴어 로비아lobia예요. 이 단어가 1553년 영어로 들어가 로비가 되어, 1640년부터 '공공건물의 출입 공간' '홀' '하원 의원의 대기실'이라는 의미로 사용되었답니다. 그 영향으로 오늘날에도 로비를 '호텔이나 극장 따위에서 응접실, 통로를 겸하는 넓은 공간'이라는 의미로 많이 사용하지요. 1808년부터는 미국 영어에서 '법률 제정에 영향을 미치는 사람 및 활동'이라는 정치적 의미로도 사용되기 시작했어요. 로비의 의미가 공간에서 사람으로 확대된 것이지요. 로비스트lobbyist는 1863년에 생긴 용어이고요.

오늘도 우리 사회는 로비로 시끄럽네요. 지금 시행 중인 '김영란 법'으로 조금은 잠잠해질지 기대해 봅니다.

브로커는 포도주만 팔던 사람이다?

로비스트가 정계에서 활동하는 사람이라면 브로커는 상업계에서 활동하는 사람이에요. 브로커broker의 어원은 고대 프랑스어 브로셔brochier까지 거슬러 올라가요. 브로셔의 의미는 '작은 나무통에 구멍을 내다.'였죠. 이런 행위를 하는 사람을 브로쉬에brocheor라고 불렀고요. 이것이 앵글로-노르만어 브로쿠르brocour를 거쳐 14세기 말에 영어 브로커가 되었습니다.

그렇다면 이 작은 나무통에는 무엇이 들어 있었을까요? 정답은 포도주예요. 초기에 브로커는 작은 나무통에 구멍을 내고 그 속에든 포도주의 맛을 보고 파는 포도주 중개업자들만 의미했지요. 그러다 14세기 후반에 결혼 중매인을 지칭했고, 점점 모든 상거래를 중개하는 사람으로 확대되었답니다. 옛날 포도주만 팔던 상인이 이제 거래되는 모든 물품에 영향을 끼치고 있는 것이죠.

프랑스 대통령은 바람을 피워도
용서받는다?

•*scandal*•

스캔들

프랑스의 미테랑 대통령은 재임 시절 숨겨진 딸이 있다고 폭로당했어요.
하지만 시민들은 대통령보다 그의 사생활을 폭로한 대중 잡지를
더 비난했답니다. 한 개인의 사생활 보호를 우선시하는 나라이기 때문이죠.

【 한뼘 + 】 프랑수아 미테랑 : 그랑 프로제를 시행한 문화 대통령. 프랑스인들에게 많은 사랑을 받았다.

스캔들은 매우 충격적이거나 부도덕한 사건, 불명예스러운 평판이나 소문 등을 말해요. 이러한 스캔들의 주인공이 되면 멀쩡한 사람도 휘청거려요. 아무리 해명해도 사람들이 믿지 않으니까요. 16~17세기 마녀 사냥이 한창이던 시절, 마녀라고 지목된 사람들이 계속 아니라고 해도 결국 화형당한 것처럼 말이죠. 현대에 와서도 스캔들에 휘말린 사람은 어디로 잠적하거나 심한 경우에 스스로 목숨을 끊기도 하지요.

여기서 눈여겨볼 부분은 '휘청거리다'예요. 바로 스캔들scandal의 어원인 그리스어 스칸달론skandalon이 '비틀거리게 하는 큰 덩어리' '용수철과 같은 것이 달린 올가미'를 뜻하거든요. 스칸달론은 라틴어로 들어가 스칸달룸scandalum이 되었어요. 그리고 중세 프랑스어 스칸달레scandale를 거쳐 영어로 들어갔지요.

그리스와 로마 시대에서 스칸달론은 주로 사람이나 동물을 포획하는 도구를 가리켰어요. 예를 들어 지나가는 사람이 걸려 넘어지게 만드는 돌이나 나뭇가지 혹은 동물을 사로잡기 위해 설치한 올가미 말이에요. 그러다가 서서히 종교 색채를 띠면서 '사람이 죄를 짓는 것'이라는 의미도 가졌지요. 이런 관점에서 보면 아담과 이브를 원죄에 범하게 했던 뱀과 선악과도 일종의 스캔들이지요.

앞에서 이야기한 마녀사냥을 예로 들어 볼까요? 서양 사학자들에 따르면, 마녀는 본래 사악한 사람들이 아니었어요. 그들은 공동체 내에서 출산이나 질병 치료를 담당하는 집단이었지요. 간간이 점을 치고 치료를 위한 주술도 했고요. 그런데 어느 날 그들은 이런 행동 때문

❖❖❖
프랑수아 미테랑은 프랑스 최초의 사회당 출신 대통령
이에요. 93년 유럽연합(EU)의 발족을 성사시킨 인물이
기도 하죠.

에 졸지에 '마녀'로 낙인찍혀요. 악마와 놀아나 신앙을 해치고 공동체
에 해악을 끼친다는 스캔들에 휘말렸지요. 그들은 아무리 해명하고,
부정하여도 사람들로부터 박해를 받았습니다. 온갖 고문을 받고 심지
어 화형이라는 잔인한 방식으로 죽임을 당하는 사람들도 있었지요.

현대에도 이러한 스캔들은 언제나 있어요. 정치계에서 종종 정적政
敵을 제거하기 위한 수단으로 이용되고 있죠.

예를 들어 프랑스의 프랑수아 미테랑 대통령 역시 재임 시절 스캔들
의 주인공이 된 적이 있어요. 1994년 프랑스 주간 잡지《파리 마치》는
미테랑 대통령에게 스무 살 난 숨겨진 딸이 있다고 밝혀 정치적 타격을
주려고 했지요. 하지만 그 위력은 크지 않았어요. 프랑스 사람들은 내
연녀와 딸을 둔 미테랑보다 한 개인의 사생활을 폭로한《파리 마치》를
더 비난했거든요. 덕분에 미테랑 대통령은 14년의 임기를 무사히 마치
고 엘리제궁을 걸어 나왔지요. 뿐만 아니라 그의 내연녀와 딸은 대통령

의 장례식에도 정식으로 초대되어 그의 마지막 길을 배웅했답니다.

하지만 프랑스는 뇌물 스캔들에 대해서는 매우 엄격한 나라예요. 같은 스캔들도 우리와는 다르게 받아들이는 프랑스라는 나라, 흥미롭지 않나요?

가십이 원래 가장 친한 친구를 의미한다고?

스캔들과 비슷한 의미로 영어 단어 가십gossip이 있어요. 이 단어에서 우리는 신을 찾아볼 수 있답니다. 가십의 고대 영어 형태는 갓십godsibb인데, 여기서 갓god은 '신'을, 십sibb은 '혈족' '친척'을 의미하지요. 글자 그대로 해석하면, 갓십은 자신을 신(god)과 연결시켜 주는 혈족(sib)이랍니다. 그래서 고대 영어에서 갓십은 대부나 대모처럼 세례를 받을 때 물심양면으로 후원해 주는 사람을 가리켰어요.

갓십이 14세기 말 중세 영어로 들어가자 이러한 종교적 색채는 많이 옅어졌어요. 자기와 '친하게 지내는 사람'이면 모두 갓십이라고 불렀거든요. 여기에는 '출산 때 부르는 여자 친구들'도 포함되었답니다. 여러분도 알다시피 중세에는 의학이 발달하지 않아서 출산이 지금보다 훨씬 위험한 과정이었거든요. 그래서 산모의 고통과 두려움을 줄여 주는 방안으로 절친한 친구들을 산실로 불러들였는데, 이들이 바로 갓섭이었지요. 참고로 이 시기에 갓섭에서의 d는 발음과 철자에서 사라져 가섭gosibb으로, 다시 가섭gossip으로 바뀌게 되죠.

19세기 초부터 가섭은 '농담' '근거 없는 소문'을 가리키면서 '이야기를 주고받는 사람'과는 거리가 멀어졌어요. 이렇게 보면 가섭의 의미는 성스러운 것에서 세속적인 것으로, '이야기를 주고받는 사람'에서 '주고받는 이야기'로 변화해 왔네요.

심리학은 가섭이 집단 내 결속을 강화시키는 데 도움을 준다고 보고 있어요. 하지만 근거 없는 모함이나 혐담은 당사자들에게 심한 고통을 안겨 줄테니 삼가는 것이 좋겠죠?

6.
돈을 소비하는
'경제'의 역사

17세기에는
'비즈니스'가 부끄러운 일이었다?

— •*business*• —

비즈니스

18세기까지 비즈니스는 부정적인 의미의 단어였답니다.
매춘과 관련된 의미로 쓰이기도 했지요. 그러니
실수로 자신을 비즈니스 종사자로 소개한다면, 얼마나 부끄러운 일이었을까요?

[한뼘 +] 비즈니스 모델 : 사업 아이디어. 아마존의 원클릭 서비스가 대표적인 예로 꼽힌다.

비즈니스는 '일정한 목적과 계획에 맞춰 지속적으로 경영하는 일'을 말해요. 비슷한 단어로는 상업, 영업, 경영, 사무 등이 있죠. 오늘날에는 비즈니스가 긍정적인 혹은 중립적인 성격의 단어이지만 18세기까지는 그렇지 않았어요. 옛날에 어떤 남자가 자신을 비즈니스 종사자라고 소개한다면 사람들은 그 남자를 좋지 못한 일을 한다고 생각했죠. 당시에 비즈니스는 '수상한 행동' '이상한 행위'를 의미했으니까요.

이런 의미 변화를 이해하기 위해서는 먼저 형용사 비지busy를 살펴볼 필요가 있어요. 이 단어는 '걱정하는' '불안한'이라는 뜻의 고대 영어 비시그bisig에서 유래했습니다. 시간이 지나 '늘 고용된 또는 바쁜'이라는 의미로 사용되었지요. 15세기에는 앞의 i가 u로 변하면서 '들여다보는' '참견하기를 좋아하는'이라는 의미로 변했고요. 17세기에는 '성적性的으로 강한'이라는 의미를 완곡하게 표현하는 단어로 쓰였지요. 한때 매춘과도 관련되었고요. 일종의 언어적 터부였죠.

비즈니스business는 이 비지라는 형용사에 -니스-ness를 붙인 단어예요. 어원은 고대 영어 비시그니스bisignisse인데, 처음에는 bissinesse, besynes, besiness, bysness, buseness 등 서른 가지 이상의 형태로 사용되었어요. 당시의 의미는 '걱정' '근심'이었답니다. '이것은 네가 상관할 일이 아니야.'를 영어로 'It is none of your business.'라고 하는데, 이때 의미가 바로 '걱정' '근심'이지요. 그러다 14세기 말부터 '일' '직업'이라는 의미로 쓰이다가 18세기부터 '매매' '상거래'를 뜻했어요. 참고로 비즈니스맨businessman은 1826년에 생긴 단어랍니다.

이 단어는 19세기 말에 미국식 사업 용어들과 함께 프랑스어에 유입됐어요. 상류층에서는 비즈니스를 영어식으로 발음하고 '사업'이라는 의미로 사용했죠. 반면 일반인들은 프랑스식으로 비즈네스라고 발음하면서 여전히 '매춘'이라는 의미로 사용했고요.

미국 부통령을 지낸 쿨리지는 1925년에 "미국 사람의 주된 관심사는 사업이다.(The chief business of the American people is business.)"*라고 말한 적이 있습니다. 단어 비즈니스가 가지는 두 가지 의미를 모두 사용한 셈이지요. 첫 번째 비즈니스는 14세기의 의미 '어떤 사람의 고유한 관심'이고, 두 번째는 18세기부터 처음 사용된 '상업적, 직업적 거래'라는 의미지요. 이렇게 보면 비즈니스는 수세기 동안 다양한 형태와 의미로 변화하느라 매우 '바빴던(busy)' 단어였던 것 같아요.

한편 비즈니스는 주로 사무실에서 이루어지지요. '사무실'은 영어로 오피스office예요. 그런데 오피스는 한 단어처럼 보이지만 어원은 '일'을 뜻하는 라틴어 오푸스opus와 '하다' '만들다'를 뜻하는 라틴어 파케레facere를 합성해 만든 라틴어 오피치움officium입니다. 오피치움은 원래 가톨릭교회에서 이루어지는 예식을 가리키다가 서서히 다른 영역으로 확산되었지요. 그리고 오피스office라는 형태로 12세기에는 프랑스어에, 13세기 중엽에는 영어에 들어갔습니다. 16세기 중엽에 들어와서야 이 단어를 '업무가 이루어지는 장소'라는 의미로 사용하기 시작했죠.

---

* the Editors of American Heritage Dictionaries, *Word mysteries&histories*, Houghton Mifflin, 1986, p.27

벤치마킹의 시작은 측량업에서부터?

『단어로 읽는 5분 세계사』를 읽은 분이라면 벤치bench와 은행을 뜻하는 영어 단어 뱅크bank가 어원이 같다는 사실을 알 거예요. 약 4000년 전 고대 바빌로니아 신전의 성직자들이 긴 벤치 위에 물건을 올려놓고 팔거나 교환하던 모습에서 은행이 출발했다는 것도요.

1842년 측량 기사들은 단어 벤치를 또 다른 상황에 사용했어요. 바위나 벽에 선을 그어 표시한 고도를 벤치마크benchmark라고 부른 것이죠. 마치 이 선이 평평하고 긴 의자 '벤치' 같았기 때문이에요. 이 선은 다음 측량을 할 때도 사용되어 '기준선'이라는 의미도 갖게 되었죠.

1884년부터는 이 단어를 여러 분야에서 비유적으로 사용하기 시작합니다. 대표적인 곳이 기업이죠. 기업에서 말하는 벤치마킹 benchmarking은 뛰어난 기업의 제품이나 전략 등을 비교 분석하여 차별화된 전략을 만드는 경영 기법을 가리켜요. 한 기업을 '기준'으로 삼는 것이죠. 미국의 문서관리회사 제록스 역시 경쟁 상대인 일본 기업들을 분석하여 새로운 경영 전략을 세운 결과 기업 경쟁력을 회복했답니다.

19세기 영국에서는
사람에게도 브랜드를 달았다?

———— •*brand*• ————

브랜드

브랜드의 본래 뜻은 '뜨거운 철로 만든 상표'라는 의미였어요.
소유를 주장하는 일종의 낙인이었죠. 19세기 영국에서는 사람의 뺨에도
낙인을 찍었다고 해요. 하지만 이것은 죄인의 표식이었답니다.

[한뼘 +] 세계 브랜드 순위 : 2016년 기준 애플이 브랜드 순위 1위에 등극했다. 삼성은 7위로 꼽혔다.

우리는 어떤 한 상품을 보고 "브랜드가 뭐야?" "브랜드 있는 거야?"라는 말을 많이 해요. 여기서 브랜드brand는 상표를 뜻하기도 하지만, '명품' '그에 준하는 가치'를 뜻하기도 합니다. 특히 우리나라에서는 후자의 뜻으로 많이 쓰이죠. 남의 시선을 많이 의식하는 문화 때문이 아닐까 싶어요. 사소한 우산이나 양말에도 브랜드를 따지는 모습을 종종 볼 수 있으니까요. 정작 여러 브랜드의 본고장인 프랑스에서는 좀처럼 찾아보기 힘든 현상이죠. 그런데 우리는 과연 '브랜드'를 제대로 알고 있을까요?

브랜드를 사전에서 찾으면 여러 가지 정의가 나와요. 가장 일반적인 의미는 "사업자가 자기 상품을 경쟁 업체의 것과 구별하기 위해 사용하는 기호·문자·도형 따위의 표지"랍니다. 대부분의 사전은 이러한 '브랜드'를 '상표'로 순화하여 사용할 것을 권장해요. "유명한 디자이너나 회사의 이름을 앞에 붙인 상품"이라는 뜻도 볼 수 있는데, 대부분 '브랜드 상품' 혹은 '명품 브랜드'가 여기에 해당하죠.

어원은 게르만어 브란다즈brandaz로 추정돼요. '타고 있는 나무 조각' '횃불'을 의미하는 단어랍니다. 16세기 중반 사람들은 이 단어를 '뜨거운 철로 만든 상표'라는 의미로 사용했어요. 즉 브랜드는 본래 대장간에서 불로 만들어진 철제 물건과 관련된 단어였답니다. 1570년대에는 '화로에서 막 나와 신선한'이라는 뜻의 '브랜드-뉴brand-new'라는 말도 생겼죠. 자신이 만든 상품에 불로 달군 철제 도장으로 '낙인烙印'도 찍었고요. 이와 관련하여 한자어 '지질 낙烙'에 불(火)이 들어가는 이유도 자연스럽게 이해되지 않나요? 죄인의 몸에도 불로 표지를 남길 때가

◈◈◈
16세기 사람들은 자신이 만든
혹은 소유한 물건에 불에 달군
철제 도장으로 표시를 했어요.
일종의 낙인이었죠.

있었답니다. 1822년 영국에서는 중죄인의 뺨에 F를 찍었지요. 일반 사람들이 이 죄인을 조심하도록 말이에요. 오늘날의 전자 발찌처럼요.

19세기부터 브랜드는 상표뿐만 아니라 물건 그 자체를 의미했어요. 19세기 말 사람들은 머릿기름, 향수 등 항상 사용하는 상품을 '유주얼 브랜드usual brand'라고 불렀답니다. 이러한 과정을 거치면서 브랜드가 '상표'를 넘어 '물건'도 지칭하게 된 것이죠.

한편 트레이드마크trademark를 살펴볼까요? 이 표현 역시 16세기로 거슬러 올라가요. 트레이드마크는 본래 브랜드와 비슷하게 '한 회사가 다른 회사의 제품과 구별하기 위해 사용하는 시각적 표지'를 가리켰어요. 이후 의미가 점점 확대되어 어떤 사람 혹은 사물의 고유한 특징까지 지칭하게 되었죠.

남들이 말하는 브랜드 가치에 의존하기보다 자신만의 가치를 높일 브랜드를 찾아보는 것은 어떨까요? 그러기 위해선 자신만의 트레이드마크가 필요할 거예요.

포커스는 불의 특성에 따라 의미가 변화했다?

20여 년 전 한 방송국에서 '시사포커스'라는 프로그램을 진행한 적이 있어요. 그 이후로 '포커스'라는 말이 널리 유행하면서 지금은 언론 매체뿐만 아니라 일반 사람들도 자주 쓰는 용어가 되었죠.

포커스focus도 브랜드처럼 '불'과 관련된 단어랍니다. 이 단어는 라틴어 포쿠스focus에서 나왔어요. '화로'나 '난로'를 의미하는 단어 지요. 인간은 오래전부터 불을 피우고 그 주위에 둥글게 둘러앉아 이런저런 이야기를 해왔어요. 노변한담爐邊閑談이나 파이어사이드 채트fireside chat라는 말이 있을 정도로요. 우리나라의 촛불 시위를 생각해 본다면, 불은 사람들을 불러 모으고, 모인 사람들로 하여금 이야기를 쏟아내게 하는 마력을 지닌 것 같아요.

다시 어원 이야기로 돌아와서 포쿠스는 서서히 '불' 자체를 의미하기 시작했어요. 그러다 16세기 후반부터 사람들은 렌즈와 거울로 종이에 햇빛을 모았을 때 불이 일어나는 지점을 '포커스'라고 불렀지요. 예를 들어 1604년 오스트리아 수학자 요하네스 케플러는 자신의 책『천문학의 광학적 측면』에서 포커스를 '수렴점'이라는 의미로 사용했죠. 그리고 1656년 영국 정치철학자 토마스 홉스가 이 단어를 영어로 가져옵니다.

포커스가 '활동이나 에너지의 중심'이라는 의미로 사용된 것은 1796년이라고 해요. 그때부터 사람들이 포커스를 사고나 논의를 집중시킨다는 의미에 비유하여 사용한 것이지요.

그 흔적은 한자에도 남아 있답니다. 흔히 포커스를 '초점焦點'이라고 하는데, 초焦는 '타다'라는 뜻으로, 초점은 글자 그대로 '타는 점'을 말하지요. 그런데 이런 의미를 전달하기 위해 굳이 포커스라는 외국어를 사용할 필요가 있을까요?

최초의 슈퍼마켓에는
진열장이 없었다고?

•*market*•

가게

1930년 8월 미국 뉴욕에 세계 최초의 슈퍼마켓이 문을 열었습니다. 이곳에는
진열장이 없었어요. 그저 물건을 마구잡이로 쌓아 놓았지요. 그래도 매우 싸게 팔았던
덕분에 당시 대공황에 허덕이던 사람들의 발길을 끄는 데 성공했답니다.

[한뼘 +] 킹 컬렌 : 최초의 슈퍼마켓. 대공황 속에서 '많이 살수록 가격이 싸지는' 전략으로 성공을 거두었다.

과거에는 물건을 파는 곳을 '○○상회商會'라고 불렀어요. 비슷한 말로 '가게'가 있지요. '가게'는 '임시로 지어놓은 집'을 뜻하는 한자어 '가가假家'에서 유래한 말이랍니다. 옛날에 종로 거리에서 물건을 팔고자 임시로 지은 허름한 집을 일컫는 말이었죠. 당시에는 가게가 관청에도 상품을 공급했어요. 그중 가장 큰 것을 '전廛', 그다음은 '방房', 그다음은 '가가', 제일 작은 것은 '재가在家'라고 했지요.

오늘날은 '상회'나 '가가'라는 말이 없어지고, 그 자리를 '슈퍼마켓'이나 '슈퍼'가 차지하고 있어요. 사실 도시나 시골의 아주 작은 가게도 '슈퍼'라고 불리는 것을 보면 왠지 씁쓸해요. '슈퍼super'라는 단어와 작은 크기의 가게가 전혀 어울리지 않는데도 사람들이 영어를 더 선호한다는 이유로 말을 오용하고 있기 때문이죠.

그렇다면 슈퍼마켓은 어떻게 생긴 말일까요? 먼저 마켓market부터 살펴볼게요. 마켓의 어원은 라틴어 메르카리mercari까지 거슬러 올라가요. 이 동사의 의미는 '팔다' '사다' '교역하다'예요. 이 단어에서 나온 '교역' '상거래'라는 뜻의 라틴어 메르카투스mercatus가 고대 노르만어 마켓market을 거쳐 12세기에 영어로 들어갔지요. 당시 마켓은 '식량이나 가축을 사고팔기 위해 정해진 시간에 만나는 것' '팔아야 할 물건'을 가리켰어요. 즉 이때까지는 지금과 같은 장소 개념이 아니었지요. '팔 물건을 모아둔 공공장소나 건물'을 가리키게 된 것은 13세기 중엽부터예요. '수요와 공급에 의해서 통제되는 판매'라는 의미는 1680년대에 처음 나타났고요. 이렇게 '마켓'은 '팔아야 할 물건'에서 '팔아야 할 물건을 갖다 놓은 장소'로 개념이 바뀌었답니다.

킹 컬렌의 출현 이후 세계 유통 및 판매 구조가 크게 바뀌었답니다. 킹 컬렌처럼 넓은 장소에서 대량으로 파는 가게들이 우후죽순으로 생겨났지요.

'슈퍼마켓supermarket'은 1933년 미국에서 생긴 말이에요. '슈퍼'와 '마켓'을 합쳐 만든 말이지요. 슈퍼마켓의 창시자로 알려진 마이클 컬렌 Michael Cullen은 1930년 8월 뉴욕 시내 한 주차장을 개조해 '킹 컬렌King Kullen'이라는 슈퍼마켓을 열었어요. 그리고 당시 경제 위기로 허덕이던 제조업자들로부터 아주 값싸게 구입한 물건을 대량으로 쌓아 놓고 팔았지요.

그런데 이 슈퍼마켓에는 진열장이 없었답니다. 단지 "물건을 높게 쌓고 싸게 팔아라.(Pile it high and sell it cheap.)"라는 마음가짐으로 물건을 마구잡이로 쌓아 놓고 시중보다 40% 정도 싸게 팔았을 뿐이죠. 하지만 컬렌은 성공했습니다. 1936년 52세의 나이로 세상을 떠날 때 50여 개의 슈퍼마켓을 가지고 있었을 정도로요. 아무래도 1929년 발생한 대공황으로 소비 심리가 급격히 낮아졌던 덕분이 아닐까 싶습니다.

미국에서 슈퍼마켓이 성공할 수 있었던 또 다른 이유는 자동차예요. 우리도 자동차가 없으면 거리가 먼 마트까지 안 가잖아요? 컬렌은 슈퍼마켓에 '많은' 차를 세울 넓은 공간을 만들었어요. 덕분에 주차장 parking lot이라는 개념도 생겨났지요.

미국의 현대 역사를 품은 단어 슈퍼마켓. 그래도 '00슈퍼'라는 말보다 2년 전에 개봉한 영화 〈국제 시장〉에 나오는 '꽃분이네'라는 가게 이름이 더 정겨운 건 왜일까요?

우리가 보는 사물 중에
진짜는 없다?

idea

아이디어

아이디어를 파생시킨 이데아idea는 플라톤 철학의 핵심 개념입니다.
플라톤은 우리가 마주치는 사물이 실제가 아니며
이데아 세계에 그 원형이 있다고 했지요.

[한뼘 +] 플라톤 : 고대 그리스의 철학자. 이데아론을 주장했으며 『변론』, 『국가』 등 무수한 저서를 남겼다.

우리는 일상생활에서 '아이디어'라는 말을 참 많이 쓰죠. 학교, 회사 등은 여러분에게 '참신하고 획기적인 아이디어'를 내놓으라고 끊임없이 재촉하고요. 사실 아이디어가 있어야 창의적인 발명품이 나오고, 한 회사가 판매 실적을 올려 국가 경제를 발전시키는 것은 맞아요. 하지만 아이디어란 마치 샘물과 같아서 어느 정도 시간이 지나야 떠오르는 법인데, 보채고 채근만 하면 스트레스만 받겠지요.

그럼 잠시 쉬어가는 의미로 아이디어idea라는 단어에 대해서 한번 생각해 볼까요? 이 단어는 '보다'를 뜻하는 그리스어 이데인idein에서 시작되었어요. 여기에서 나온 '봄' '이상적인 형태' 등을 가리키는 이데아idea가 똑같은 형태로 라틴어에, 15세기에는 '형상' '모양' '상징'이라는 의미로 영어에 들어갔지요. 아이디어가 오늘날처럼 '생각의 결과'라는 의미로 사용된 것은 17세기 중반부터예요.

'보다'라는 동사에서 파생된 이데아idea를 철학적으로 끌어올린 사람은 바로 그리스 철학자 플라톤이에요. 그는 자신의 저서 『국가론』에서 '이데아'를 설명하죠. 그가 말하는 이데아는 감각 세계(보고, 느끼고, 듣는 물질세계)에서 우리가 마주치는 사물의 원형이에요. 예를 들어 우리가 일상 속에서 마주하는 수많은 탁자들은 이데아 세계에 존재하는 탁자에 미치지 못합니다. 이데아계는 현실 세계의 재료로는 표현할 수 없을 정도로 절대적이고 완전한 곳이거든요. 또한 인간의 감각으로 느낄 수 없는 영역이고요.

플라톤은 이러한 자신의 이데아론을 설명하기 위해 유명한 '동굴의 비유'를 들었어요.

ANTRVM PLATONICVM.

pars hominum cæcis immersa tenebris
assiduè, ex s tudio lætatur inani:
at obiect iis obtutus in ereat umbras,
I simulacra amens mirantur amentj,

Et s Tolidâ vanâ ludantur imagine rerum:
Quam pauci meliore luto, qui in lumine puro
Secreti à s tolidâ turbâ, ludibria cernunt
Rerum umbras recta, expendunt omnia luce:

Hi posità erroris nebulâ dignoscere possunt
Vera bona, atque alios cæcâ sub nocte latentes
ExtraSere in claram lucem conantur, at illis
Nullus amor lucis, tanta es t rationis egestas.

CC. Harlemensis
Sanredam Sculpsit
Henr. Hondius excu
1604

GEL FIGVRARI ET SCVLPI CVRAVIT AC DOCTISS. ORNATISSQZ D.PET. PAAW IN LVGDVN. ACAD. PROFESSORI MEDICO I.

"(동굴에 갇힌) 사람들은 인위적으로 만들어진 그림자를
진짜라고 믿을 것이 틀림없어."

동굴 안에 등을 돌리고 한쪽 방향만 볼 수 있도록 묶인 죄수들이 있습니다.
이들은 벽에 비치는 그림자를 실재라고 생각합니다.
진짜(이데아)는 따로 있는데 말이죠.
플라톤은 우리 인간 역시 이러한 죄수이며, 우리가 보는 것은
그림자에 지나지 않는다고 주장합니다.

지하의 한 동굴 입구에 불이 있고, 동굴 깊숙한 곳에 어릴 때부터 손발과 목이 묶인 채로 지내온 죄수들이 있다고 하세. 그런데 이들은 묶여 있기 때문에 머리를 돌릴 수가 없어서 안쪽의 동굴 벽만을 쳐다볼 수 있는데(……) 만약 이들이 서로 대화를 할 수 있다면, 자신들이 벽면에서 보는 것들을 실물이라고 말하겠지?*

동굴에 사는 사람들은 벽에 비치는 그림자를 실재라고 믿어 버려요. 이 비유를 통해 플라톤은 우리가 현실에서 보는 것은 이데아의 그림자에 지나지 않는다고 주장하지요. 따라서 우리의 눈에 보이는 것은 모두 모형이며, 실재는 이데아라는 거예요. 플라톤에 따르면, 현실 속 어떠한 것도 '진짜'가 아니랍니다. 그러니 우리가 진정으로 추구해야 할 것은 눈에 보이는 '돈'이 아니라 다른 것이어야 하지 않을까요?

비전과 비디오의 어원이 같다?

비전이 있어야 제대로 된 아이디어를 낼 수 있겠죠? 시장 상황을 제대로 파악해야 쓸모 있는 아이디어가 나올 테니까요. 비전vision의 어원은 '보다' '보이다'라는 뜻의 라틴어 비데레videre까지 거슬러

---

* 플라톤 지음, 송재범 풀어씀, 『국가』, 풀빛, 2005, pp.139~140

올라가요. 이 동사에서 나온 '보는 행위' '보임' '보인 것'을 의미하는 라틴어 명사 비시오넴visionem이 고대 프랑스어 비지옹vision을 거쳐 1290년 영어로 들어가 오늘날의 비전이 되었어요.

이처럼 비전은 '보는 것'을 의미합니다. 이 단어는 본래 영어에서 성인이나 예언가의 초자연적인 경험을 가리키는 말이었어요. 그리고 15세기부터 '보는 행위' 또는 '시각'을 의미했지요. 20세기 초 텔레비전television 역시 '멀리'를 뜻하는 그리스어 접두사 텔레-tele-와 비전vision을 합쳐 만든 말이에요.

비디오video의 어원도 비전과 같아요. 라틴어 비데레에서 파생했죠. 그런데 사람들은 이 비디오가 라틴어로 한 문장이라는 사실을 짐작도 못해요. 라틴어 식으로 '비데오video'는 '보다'를 뜻하는 비데-vide-와 '나'를 뜻하는 -오-o가 합쳐져 '나는 본다.(I see.)'라는 뜻이랍니다. 참고로 오디오audio 역시 '듣다'를 뜻하는 오디-audi-와 -오가 합쳐진 '나는 듣는다.(I hear.)'라는 문장이지요.

달러가
독일의 화폐였다고?
·dollar·

달러

독일의 동전을 뜻하던 탈러thaler는 영어로 들어와 달러가 되었습니다.
그리고 토머스 제퍼슨의 제안으로 미국 공식 화폐 단위가 되지요.
지금은 전 세계의 기축 통화이고요.

[한뼘 +] 토머스 제퍼슨 : 독립선언문 초안을 작성한 사람 중 한 명. 제3대 미국 대통령을 지냈다.

달러는 오늘날 전 세계에서 가장 널리 통용되는 화폐입니다. 그렇다면 오늘날 가장 많은 나라의 협력으로 만들어진 화폐는 무엇일까요? 그 또한 달러랍니다. 이 화폐는 지금처럼 널리 통용되기 전부터 세계 구석구석을 여행했어요. 이름인 '달러'는 '독일'에서 생겼고, 통화 기호인 $는 '에스파냐'와 관련이 있으며, 18세기부터 '미국'의 공식 화폐가 되었으니까요.

달러의 어원을 알려면 16세기 독일로 가야 합니다. 지금의 독일 국경에서 멀지 않은 골짜기에 체코 마을 야히모프Jáchymov가 있었어요. 한때 이 마을은 독일이 지배하면서 요하임스탈Joachimsthal이라 불렸지요. 참고로 −탈−thal은 '골짜기' '계곡'이라는 뜻의 독일어예요.

1516년 요하임스탈에서 은광이 발견되었답니다. 사람들은 이곳에서 채광한 은으로 주조한 은화에 마을의 이름을 본떠 요하임스탈러Joachimsthaler라는 글자를 새겨 넣었죠. '요하임스탈의 동전'이라는 의미였습니다. 독일 사람들은 이 단어가 너무 길다고 생각했는지 그냥 탈러thaler라고 했어요. 이 단어가 북부 독일어 달러daler를 거쳐 1553년 영어로 들어가 달러dollar가 되었답니다.

독일 탈러는 대개 3마르크 정도의 가치를 가졌지만, 독일의 여러 주州에서 다양한 가치로 유통되었어요. 덴마크나 스웨덴의 통화 단위로 사용되기도 했죠. 18세기 후반 미국 정치인 토머스 제퍼슨은 「미합중국의 화폐 단위에 관하여」라는 글에서 달러를 미국 화폐의 공식 명칭으로 사용하자고 제안했습니다. 1785년 6월에 열린 대륙 회의는 이 제안을 받아들여 달러를 미국 화폐로 결정했고요.* 하지만 이러한 결정

✧✧✧
신세계를 향한 열망이 담긴 '헤라클레스의 기둥'은 에스파냐 화폐를 넘어 미국 달러의 통화 기호로까지 쓰이고 있습니다.

이 바로 현실화된 건 아닙니다. 1794년까지는 대부분 달러를 사용하지 않았거든요.

한편 제퍼슨이 달러를 미국 공식 화폐로 제안하기 전 17세기 초, 미국으로 옮겨간 영국 사람들은 에스파냐의 8리얼 은화(Spanish pieces of eight)를 공식 화폐로 사용하고 있었습니다. 영국에 대한 반감 때문이었지요. 그들은 영국이 싫어서 신대륙으로 간 사람들이니까요.

이 8리얼 은화의 한 면에는 헤라클레스의 기둥이 그려져 있답니다. 그리스 신화에서 헤라클레스가 풀어야 하는 열두 가지 과업 중 하나는 서쪽 끝에 있는 게리온의 황소 무리를 미케네의 왕 에우리스테우스에게 주는 것이었죠. 이 난제를 풀기 위해 아틀라스 산맥을 건너야 했던 그는 거대한 산을 오르는 대신 괴력을 이용해 산줄기를 없애버리지요. 그리고 그 자리에 헤라클레스의 기둥이 생기게 되죠. 이러한 에스파냐가 헤라클레스의 기둥을 동전에 새긴 이유는 더 큰 세상으로 나가 신세계를 발견하려던 욕구 때문이었답니다.

* Merriam-Webster, *Webster's word histories*, Merriam Webster U.S., 1990, p.147

달러를 나타내는 $ 표시 또한 에스파냐 화폐 위에 나오는 헤라클레스의 기둥에서 따온 것이죠. 이는 당시 에스파냐처럼 신대륙에서 새 출발을 하려 했던 미국인들의 염원 때문이지 않았을까요?

상대방을 진정시키기 위해서는 돈을 줘야 한다고?

옛사람들은 무엇을 화폐로 사용했을까요? 원시 경제 시대의 사람들은 조개껍데기, 비단, 가죽, 피혁 등 이른바 '자연 화폐'를 사용했어요. 그러다가 조금씩 금속 화폐를 사용했지요. 금이나 은이 가치가 높고 거의 훼손되지 않는다는 걸 알았기 때문이에요.

돈을 뜻하는 영어 단어 머니money의 어원은 모네타Moneta예요. 모네타는 제우스의 아내인 주노Juno(헤라)에게 붙이는 칭호였지요. 고대 로마 사람들은 주노의 신전 또는 그 근처에서 주조한 돈을 모네타라고 불렀답니다. 이것이 후기 라틴어와 고대 프랑스어를 거치는 과정에서 철자 t가 사라진 채로 13세기 말 영어에 들어가 오늘날의 머니가 되었지요. 19세기부터는 지폐까지 포함한 모든 돈을 머니라고 불렀어요.

한편 '노동이나 서비스에 대해 지불한 돈'을 페이pay라고 해요. 이 단어의 어원은 참 재미있답니다. 페이의 어원은 라틴어 파카레pacare로, 의미는 '진정시키다'예요. 중세에 이 단어는 '빚을 갚음으로써 채권자를 진정시키다.'라는 의미로 쓰였지요. 여러분도 알겠지만 돈을 빌릴 때는 빌려주는 사람이, 그리고 돈을 빌려주면 돈을 빌린 사람이 갑甲이 된답니다. 채무자가 이런저런 이유로 돈을 못 갚겠다고 버티면 빌려준 사람은 애가 타니까요. 빌린 사람이 돈을 돌려주어야 채권자는 비로소 마음의 평화를 찾고 진정하게 되지요.

만약 여러분도 비슷한 일을 당하면 "돈을 잃으면 조금 잃은 것이요, 명예를 잃으면 반을 잃은 것이요, 건강을 잃으면 전부를 잃은 것이다."라는 말을 떠올려 보세요. 여러분은 '조금' 잃고 싶은가요, 아니면 '반'을 잃고 싶은가요?

체스 용어 체크가
어떻게 수표를 의미하게 되었을까?

•*check*•

수표

본래 수표는 상거래의 유효성을 확인하고
날조나 위조를 방지하는 부본을 가리켰어요.
그래서 체스에서 '경고'를 의미하는 체크가 수표를 뜻하게 된 것이죠.

[한뼘 +] 아메리칸 익스프레스 : 여행 및 관련 금융 서비스 회사. 여행자 수표로 국제 기업 반열에 올랐다.

서양 사람들은 수표手票를 많이 씁니다. 흥미롭게도 수표를 미국인들은 check로 쓰고, 영국인들은 프랑스식 철자인 cheque로 써요. 이처럼 영어권 내에서 같은 단어를 다르게 쓰는 경우가 종종 있답니다. 여기서는 check로서의 수표를 알아볼게요.

수표의 영어 '체크check'는 본래 서양장기인 체스chess에서 유래했습니다. 체스를 하는 사람들은 우리가 장기에서 '장군'이라고 하는 것처럼 상대방의 왕이 위험하면 '체크check(또는 체크메이트)'라고 말해 주죠. 이렇게 체스에서 왕이 위험에 빠지면 경기자는 승산이 별로 없어요. 이러한 의미에서 체크는 '불리한 상황' '갑작스런 정지'라는 뜻으로 사용되었지요. 16세기에는 '경고'라는 의미도 가졌고요. 동사로서 '살펴보기 위해 멈추다.'라는 의미로도 쓰였어요. 자신의 왕이 위험에 빠졌다는 경고를 들으면 상대방은 당연히 경기를 잠시 멈추고 상황을 살펴볼 테니까요.

17세기부터 체크는 오늘날의 수표로 사용되었어요. 17세기에 영국에 간 네덜란드 사람들이 사용한 수표는 정해진 사람에게만 지불 가능했다고 해요. 최초의 영국 수표는 1675년 8월 16일 발행한 것으로 추정되는데요. 이 수표의 발행인은 런던 플리트 가에 사는 금세공인 포월스로, 하워드에게 9파운드 13실링 6펜스를 지불한다는 수표였다고 하네요.[*]

본래 수표는 상거래의 유효성을 확인하고 날조나 위조를 방지하는

---

[*] R. Brasch, *That takes the cake*, HarperCollins Publishers(Australia) Pty Ltd., 1995, p.44

부본(원본의 훼손에 대비하여 예비로 보관하는 문서)을 가리켰어요. 그러다가 오늘날과 같은 기능을 하면서 사람들이 많은 돈을 가지고 다니지 않아도 되자 상거래가 간단해졌지요.

하지만 모든 거래가 편리해진 것은 아니었어요. 해외여행을 갈 때만큼은 많은 현금이 필요하니까요. 조그만 식당에서조차 수표를 사용할 수는 없잖아요? 그래서 처음에는 사람들이 신용장(은행이 거래처의 요청으로 발행해 주는 신용 보증서)을 들고 다녔지만, 여기에도 한계가 있었답니다. 위조하기가 쉬웠거든요.

현대식 여행자 수표는 1891년 아메리칸 익스프레스 사장 제임스 콩델 파고가 고안했어요. 1888년과 1890년 사이에 유럽을 여행하던 파고는 전통적인 신용장을 가지고 있었지만, 몇몇 대도시를 제외하고는 수표를 현금으로 바꿀 수가 없었지요.

이에 그는 귀국하자마자 같은 회사에 근무하는 베리에게 신용장보다 효율적인 방법을 찾아보라고 지시했습니다. 그러자 '재정계의 에디슨'이라고 불리던 베리는 신용장에 서명란을 두 개 만들었어요. 신용장을 만들 때 첫 번째 서명란을 채우고 환전 시 은행 직원 앞에서 다시 똑같이 서명을 해야만 현금을 얻을 수 있도록요. 이렇게 만들어진 것이 바로 오늘날 '아메리칸 익스프레스 트레블러스 체크American Express Traveller's Check' 즉 여행자 수표랍니다. 이는 $10, $20, $50, $100짜리가 나오면서 보편화되었죠.**

** R. & L. Brasch, *How did it begin?*, Mif, 2006, pp.285~286

하지만 수많은 여행자들에게 편의를 제공했던 여행자 수표 또한 오늘날 신용카드와 인터넷 뱅킹에 그 자리를 서서히 내주고 있습니다. 세월 앞에서는 영원한 게 없나 보네요.

코카콜라가 850만 병을
공짜로 뿌린 사연은?

•*coupon*•

쿠폰

코카콜라를 인수한 캔들러는 무료 교환권을 대량으로 배포합니다.
그 결과 약국에서만 판매되던 자양강장제가 전 세계인으로부터 사랑받는 음료가
되었지요. 고가격 전략이 성공하는 오늘날과 비교해 보면 전혀 상반된 결과이지요?

【 한뼘 + 】 코카콜라 : 존 펨버튼이 만든 탄산음료 브랜드. 약국에서만 판매되었으나 캔들러에 의해 대중화되었다.

쿠폰은 특정 서비스나 상품을 무료로 제공받을 수 있는 '교환권'을 말해요. 예를 들어 커피 전문점이나 햄버거 가게에서 '쿠폰에 도장 열 개를 받으면 메뉴 하나를 공짜로 드려요.'라고 말하며 소비자의 이목을 끄는 것처럼요. 다양한 교환권이 존재하지만, 그중에서도 우리가 살펴볼 것은 피자 교환권이에요. 어원에 가장 충실한 형태를 유지하고 있기 때문이죠.

피자 상자에 붙어 있는 교환권은 가위로 잘라야 얻을 수 있어요. 바로 쿠폰은 이 '자르다'라는 뜻의 프랑스어 동사 쿠페르couper에서 온 말이랍니다. 그리고 여기서 파생된 '잘린 조각'을 뜻하는 명사 쿠폰coupon이 19세기 초에 영어로 들어갔지요.

교환권은 대표적인 판매 촉진 전략이에요. 특히 가격에 민감한 소비자들에게 효과적인 방법이지요. 가격에 둔감한 사람들은 교환권을 버리거나 도장을 애써 받으려 하지 않기 때문에 이 전략은 별로 효과가 없대요.

그렇다면 교환권을 처음 생각한 사람은 누구일까요? 많은 사람들은 미국 경영인 벤저민 탤벗 바빗이라고 주장하죠. 바빗은 새로 개발한 비누를 개별로 포장해서 팔기 시작했어요. 하지만 사람들은 포장지 가격을 별도로 지불해야 하는 줄 알고 구매를 꺼렸지요. 이를 안 바빗은 포장에다 '쿠폰'이라는 표시를 붙여서 팔았다고 해요.* 또한 그의 회사를 방문하는 사람들에게 무료 견본을 나누어 주고요. 덕분에 그

---

* Julia Cresswell, *the Cat's Pyjamas*, Penguin Global, 2008, p.94

❖❖❖
당시 코카콜라 직원들이 사람들에게 나눠 주었던 교환권이에요. 이 교환권을 받은 사람이 총 850만 명이나 된다니 어마어마한 홍보였지요.

의 비누 산업은 크게 성장했답니다.

또한 교환권을 효과적으로 활용한 사람으로는 미국 경영인 아사 캔들러를 꼽지요. 1888년 그는 인수한 코카콜라 회사를 강장제 사업체가 아니라 더 큰 기업으로 만들고 싶어했죠. 그렇게 하려면 인지도를 높이는 것이 필수였어요. 그래서 그는 회사 직원과 판매 사원에게 코카콜라 무료 교환권을 배포하도록 시켰죠. 직원들은 교환권을 우편으로 보내거나, 잡지에 끼워 넣었어요. 그 결과 1894년과 1913년 사이에 미국인 열 명 중 한 명은 코카콜라를 무료로 제공받았다고 하네요. 그리고 코카콜라는 지금 세계적인 기업이 되었고요.

이렇게 만들어진 교환권은 오늘날에도 소비자를 날마다 유혹하고 있습니다. 그럴 때마다 우리에게는 현명한 판단과 선택을 하는 지혜가 필요하겠죠?

고객은
언제부터 '왕'이 되었을까?
• client •
고객

클라이언트의 어원은 '종자' '하인'을 뜻하는 클리엔스cliens입니다.
자본주의 사회에 들어서면서 고객을 유치하려는 자영업자들이 늘어나자
클리엔스의 위상이 날로 높아졌지요.

[한뼘 +] 파트로누스 : 고대 로마 시대 평민 보호를 담당하던 귀족. 보호의 대가로 일정한 돈을 받았다.

영어 단어 클라이언트client는 한국어로 고객顧客이라고 번역
하죠. 고객은 물건을 사는 손님이기 때문에 상인에게는 상전 上典이나
마찬가지지요. 그래서 '고객은 왕이다.' '손님은 절대 틀리지 않는다.'
라는 말도 생겼고요.

하지만 클라이언트의 본래 의미는 정반대였어요. 어원은 '종자' '하
인'을 뜻하는 라틴어 클리엔스cliens랍니다. 클리엔스는 '듣다' '따르다'
'복종하다'라는 의미의 동사 클루에레cluere 혹은 '숙이다' '구부리다'라
는 의미의 동사 클리나레clinare에서 파생되었다고 해요. 정확하게 밝
혀지지는 않았지만, 두 동사 모두 상전에 대한 하인의 복종하는 자세
를 가리키지요. 즉 클리엔스는 고대 로마 시대 귀족의 보호 아래 살아
가는 평민을 지칭하는 말이었답니다. 그들은 귀족의 보호를 받는 대
가로 많은 돈을 지불했지요.

14세기 말 라틴어 클리엔스는 앵글로-노르만어 클리엔트clyent를 거
쳐 영어로 들어가 지금의 클라이언트가 되었어요. 중세 영어에서 이
단어는 식객食客, 하인 등 다양한 의미로 사용되었지요.

15세기에는 변호사들이 클라이언트를 가지기 시작했답니다. 참고
로 변호사를 가리키는 영어 단어 로이어lawyer는 14세기 후반에 생긴
말이에요. 법률을 잘 아는 사람으로서 보통 사람들을 법적으로 보호
해 주었지요. 로이어들로부터 보호를 받는 사람들은 그 답례로 많은
돈을 지불했고요. 마치 고대 로마 시대의 클리엔스들처럼요.

하지만 여기에는 큰 차이점이 있었답니다. 고대 로마 시대 클리엔스
들은 돈을 내면서도 여전히 아랫사람이었지만, 중세 시대 클라이언트

들은 서서히 그 지위가 올라가기 시작했죠. 17세기에는 고리대금업자 등 다양한 직업군들이 고객을 갖기 시작하면서 오늘날처럼 건축업자, 광고업자, 보험사 등 거의 모든 서비스 업종에 고객들이 생겼죠.

고객들은 자본주의 사회에서 그 위상이 점점 높아졌어요. '고객은 늘 옳다.(The customer is always right.)'라는 말까지 나올 정도로요. 잘 알다시피 서비스를 제공하는 사람들은 늘 고객의 만족을 최우선시해야 한다는 뜻이겠죠. 19세기 말과 20세기 전반에 활약한 미국 백화점 경영인 마셜 필드와 해리 고든 셀프리지 등에 의해 이 말은 미국 전역으로 확산되었답니다.

프랑스어에서도 비슷한 말이 있습니다. 바로 '손님은 결코 틀리지 않는다.(Le client n'a jamais tort.)'라는 표현이지요. 이것은 스위스 호텔 경영인 세자르 리츠가 내건 표어로, 전직 포도주 담당자였던 그는 "만약 손님이 음식이나 포도주에 대해서 불평을 하면 아무것도 묻지 말고 바로 다른 것을 가져오라."고 지시했어요. 이는 스위스나 프랑스에서 오늘날까지도 지켜지고 있지요.

그런데 이렇게 고객을 왕처럼 모시면 서비스업에 종사하는 사람들의 감정은 어떨까요? 오늘날 서비스업에 종사하는 사람들을 '감정 노동자'라고 부를 정도로 이들의 처우 문제는 나날이 심각해지고 있습니다. 오늘 하루라도 서비스업에 종사하는 사람들의 기분을 헤아려 보는 것은 어떨까요?

수백만 명의 목숨을 구한
계산기가 있다고?

·computer·

컴퓨터

컴퓨터의 어원은 콤푸타레computare예요. '계산하다'라는 뜻이지요.
이 계산기는 얼마나 똑똑한지 제2차 세계 대전 중 독일군의
암호 내용을 해독하여 연합군의 희생자를 크게 줄였답니다.

【 한뼘 + 】 앨런 튜링 : 컴퓨터의 전신을 만든 수학자. 그를 기리는 의미로 튜링상이 만들어졌다.

20세기 최대의 발명품이 컴퓨터라는 데 이의를 제기할 사람은 아마 없을 거예요. 실제로 오늘날 우리는 컴퓨터를 가지고 많은 일을 하지요. 문서 작성은 물론이고, 다양한 정보를 찾고, 계산을 하고, 전자 편지(e-mail)를 보내고, 송금을 하고, 영화도 봐요. 이런 점에서 보면 컴퓨터는 타자기, 잡지, 계산기, 우체국, 은행, 영화관 등 수많은 기능을 압축한 기계입니다. 이러한 컴퓨터가 없었다면 오늘날의 경제 발전은 불가능했겠죠.

컴퓨터computer는 라틴어 콤푸타레computare에서 나왔어요. 여기서 콤-com-은 단어의 뜻을 강조하는 접두사이고, 푸타레putare는 '셈하다' '계산하다'라는 의미의 동사지요. 이 콤푸타레에서 나온 영어 동사 컴퓨트compute에 동작하는 사람을 나타내는 접미사 −er을 붙여 만든 말이 바로 컴퓨터랍니다. 즉 '계산하는 사람'이라는 의미이지요. 컴퓨터는 1640년대까지만 해도 본래의 뜻으로 쓰였어요. 그러다 1897년부터 '계산하는 기계'도 컴퓨터라 부르기 시작했지요. 물론 당시 계산기는 오늘날 컴퓨터와 완전히 달랐지만요.

그렇다면 이 컴퓨터는 어떻게 발명되었을까요? 영화 〈이미테이션 게임〉에도 나왔듯이 1939년 제2차 세계 대전 중에 영국은 우수한 과학자들에게 독일군의 암호를 푸는 비밀 연구를 하게 했어요. 그중 영국 수학자 앨런 튜링을 주축으로 한 연구팀이 오랜 연구 끝에 튜링 봄베라는 일종의 암호 해독기를 만들었지요. 봄베는 초당 5000 단어를 분석해 내는 기계로, 암호로 된 독일군의 교신 내용을 알아내는 데 기여했어요.

✧✧✧
콜로서스는 세계 최초의 프로그래밍이 가능한 전자계산기예요. 앨런 튜링이 제2차 세계 대전 때 개발한 해독기 튜링 봄베를 토대로 만들어졌지요.

이 봄베의 몇 가지 단점들을 수정해 만든 것이 오늘날 컴퓨터의 효시라 불리는 콜로서스랍니다. 콜로서스는 연합군의 희생자 수를 크게 줄였을 뿐만 아니라 1944년 6월 6일 노르망디 상륙 작전이 성공적으로 끝나도록 큰 역할을 했지요.

이후 컴퓨터는 비약적으로 발전합니다. 처음에는 크기가 냉장고만 했지만 지금은 공책이나 책만큼 작아졌지요. 그래서 생긴 말이 바로 노트북notebook이에요. 실제 이름은 '노트북 컴퓨터notebook computer'였지만 오늘날에는 그냥 노트북이라고 불러요.

한편 컴퓨터의 주요 기능 중 하나는 이메일e-mail, 즉 전자 편지를 주고받는 거예요. 흔히 이메일을 '인터넷 메일'의 줄임말로 생각하는데 이것은 틀린 생각이랍니다. 이메일은 사실 1977년에 생긴 일렉트로닉 메일electronic mail을 줄여서 쓰기 시작한 말이니까요.

그렇다면 메일mail은 어디서 온 말일까요? 메일의 어원은 11세기 고대 프랑스어 말레male로, 의미는 여행자나 순례자가 매는 바랑이었어요. 바랑은 배낭의 일종으로 오늘날 스님들이 짊어지고 다니는 천 가방 같은 것을 일컫는 말이지요. 이 말레가 13세기 중세 영어에 들어가 메일로 바뀌었답니다. 17세기 중엽에는 '편지로 가득 찬 가방'이나 '우편물을 나르는 마차나 사람'도 메일이라고 불렀어요. 그러다가 1881년에 단어 메일맨mailman이 생기면서, 메일은 '편지'라는 의미로 서서히 굳어졌죠.

여러분, 한 연구 보고서에 의하면, 2045년에는 인공지능이 인간의 지능을 넘어선다고 해요. 이런 과학의 발달은 우리에게 어떤 영향을 미칠까요? 생활은 훨씬 편리해지겠지만 부정적인 영향도 많다니, 이 발달을 마냥 반길 수만은 없을 것 같네요.

min +1분 세계사

바이러스는 원래 전염되지 않는다?

컴퓨터를 사용하다 보면 바이러스의 침입을 받는 경우가 있어요. 이럴 때 전문가가 아니라면 속수무책이죠. 바이러스가 단순히 컴퓨터 속도를 느리게 만들 뿐만 아니라 기능을 아예 마비시키기도 하니까요.

이러한 바이러스virus는 '독물' '수액' '끈적끈적한 액체'를 뜻하는 라틴어 비루스virus에서 온 말이에요. 비루스는 14세기 말에 '유독한 성분'이라는 의미로 영어에 들어갔지요. '전염병을 일으키는 성분'이라는 현대적 의미는 1728년에 생겼어요. 그리고 1972년에 들어와서야 컴퓨터와 관련해 사용되기 시작했죠. 따라서 바이러스가 오늘날처럼 '전염성'이라는 뜻을 가지게 된 것은 최근이랍니다.

서양에서 아파트는
우리처럼 비싸지 않다?

apartment

아파트

서양에서 아파트는 본래 궁전이나 대저택 내에 별도로 마련된 손님용 방을
일컫는 말이에요. 이런 아파트의 가격이 한국에서는 천정부지로 치솟고 있으니
참으로 개탄스러운 일입니다.

[한뼘 +] 유림아파트 : 우리나라 최초 아파트로 일제가 짓고, 일본인들에게 임대한 5층짜리 목조 아파트

아파트는 우리나라 사람들이 가장 많이 투자하는 경제 상품으로 꼽히고 있죠. 아파트 전세 가격, 매매 가격 등은 우리의 경제 상황을 알려 주는 대표적인 지표이기도 합니다. 그런데 이러한 아파트는 우리의 전통적인 주거 형태가 아니예요. 도시가 점점 현대화, 서양화되면서 최근에 들어와서야 한국인의 생활에 없어서는 안 될 주거 형태로 자리 잡았죠.

아파트apart는 아파트먼트apartment의 약자예요. 아파트먼트의 어원은 이탈리아어 동사 아파르테레appartere입니다. '~쪽으로'를 뜻하는 아a와 '가장자리'를 뜻하는 파르테parte가 합쳐진 말로 '가장자리에 두다.' '떨어뜨려 놓다.' '분리하다'라는 뜻이지요. 이 동사에서 나온 명사 아파르티멘토appartimento가 1559년 프랑스어에 들어가 아파르트먼트appartement로,* 1641년 영어에 들어가 오늘날처럼 아파트먼트apartment로 되었지요.

본래 이 단어는 '방문할 사람을 위해서 저택 내에 마련해둔 사적 용도의 방들'을 가리켰어요. 즉 궁전이나 대저택 내에 마련된 별도의 방들이었지요. 예를 들어 궁전 내 왕자나 공주가 사는 곳이나 대저택 내에 귀한 손님을 위해 남겨둔 거처였던 거예요. 이러한 전통은 오늘날 서양에 그대로 남아 있답니다. 프랑스에서 웬만큼 사는 집에는 혹시 찾아올 지도 모를 손님을 위해 비워 두는 한두 개의 방이 있거든요.

한국의 최초 아파트는 1932년 충정로에 건립한 5층짜리 유림아파

---

* Marie Treps, *Les mots voyageurs*, EDITIONS DU SEUL, 2003, p. 201

트예요. 이후 혜화동에 4층짜리 목조아파트, 서대문에 풍전아파트, 적선동에 내자아파트 등이 세워지면서 '아파트'라는 단어가 널리 쓰이기 시작했죠. 하지만 영어식 표현을 그대로 들여온 것이 아니라 미국식 영어 '아파트먼트 하우스apartment house'를 일본식으로 줄여쓴 것이에요.*

요즈음 우리 주변에는 '○○ 캐슬' '○○ 팰리스'로 불리는 아파트들이 늘어나고 있죠. 그런데 캐슬castle은 '성城', 팰리스palace는 '궁전宮殿'을 의미하는 단어랍니다. 한 가정집을 이렇게 말하는 것은 일종의 언어적 허영이 아닐까요?

우리나라 베란다가 베란다일 수 없는 이유는?

웬만한 아파트에는 베란다가 있어요. '테라스' '발코니'라고도 불리는 이 공간에서 사람들은 식물을 키우기도 하고, 빨래를 널기도 하며 집 안에 둘 수 없는 다양한 물건들을 쌓아 놓기도 하죠. 그래서 어른들은 이 공간을 '다용도 공간'이라고도 부르나 봐요.

베란다veranda를 사전에서 찾아보면 "집채에서 툇마루처럼 튀어나오게 하여 벽 없이 지붕을 씌운 부분. 보통 가는 기둥으로 받친다."고 나와요. 사실 베란다는 서양에서 주택의 뒷부분을 확장해서

---

* 박숙희, 저, 『반드시 바꿔 써야 할 우리말 속의 일본말』, 한울림, 1996, p.289

활용하려고 할 때 설치하는 구조예요.

이 단어의 어원은 포르투갈어 바란다varanda랍니다. '긴 발코니나 테라스'를 뜻하는 단어지요. 여기서 바라vara는 '장대'를 가리키던 말이에요. 장대가 서양 주택 베란다의 '가는 기둥' 역할을 했던 것이죠. 이 바란다가 그대로 힌두어로 들어갔고, 18세기 초 영어 베란다가 생겨났어요. 이렇게 보면 한국의 베란다는 '베라(장대)' 없는 베란다라고 할 수 있겠네요.

광, 정주간, 대들보, 주춧돌 등 우리 전통 가옥과 관련된 단어들은 모두 어디로 갔을까요? 수천 년, 수백 년 이어져 오던 전통 건축 용어들이 점점 사라지고 있으니, 그저 안타까울 따름이에요.

단어로 읽는 5분 세계사 플러스+

초판 1쇄 발행 2017년 3월 5일
초판 4쇄 발행 2020년 8월 10일

지은이 장한업
펴낸이 김종길
펴낸곳 글담출판사

편집 이은지·이경숙·김보라·김윤아
마케팅 박용철·김상윤   디자인 엄재선·손지원   홍보 정미진·김민지   관리 박인영

출판등록 1998년 12월 30일 제2013-000314호
주소 (04209) 서울시 마포구 월드컵로8길 41(서교동)
전화 (02) 998-7030 팩스 (02) 998-7924
페이스북 www.facebook.com/geuldam4u 인스타그램 geuldam

ISBN 979-11-86650-29-5 43900
책값은 뒤표지에 있습니다.
잘못된 책은 바꾸어 드립니다.

이 도서의 국립중앙도서관 출판시도서목록(CIP)은 e-CIP 홈페이지(http://www.nl.go.kr/ecip)와
국가자료공동목록시스템(http://www.nl.go.kr/kolisnet)에서 이용하실 수 있습니다.
(CIP 제어번호 : 2017003194)

글담출판에서는 참신한 발상, 따뜻한 시선을 가진 원고를 기다리고 있습니다. 원고는 글담출판 블로그와
이메일을 이용해 보내주세요. 여러분의 소중한 경험과 지식을 나누세요.
블로그 http://blog.naver.com/geuldam4u   **이메일** geuldam4u@naver.com